Este es mi secreto: a veces, cuando escucho tod[...]
y se hacen en nombre del cristianismo, pienso [...]
parte del club de élite de los doctrinalmente cor[...]
Pero después aparece un libro como este y me di[...]
tiene sentido para mí. Esta es una forma de vi[...]
conocido como un mal cristiano, gracias a Dave Tomlinson y este hermoso libro".
Brian D. McLaren, autor de *Why Did Jesus, Moses and the Buddha, and Mohammed Cross the Road?*

"En vista de lo que dice Dave Tomlinson sobre la religión y la vida de la iglesia convencional, espero que un elogio de su obispo no desanime a la gente a leer un libro tan rico en humanidad y escrito por alguien que es un pastor convincente y compasivo, aunque posiblemente no sea un buen miembro del Concilio de la Diócesis".

Richard Chartres, obispo de Londres

"Un vicario en un pub vale por dos en un púlpito. Cómo ser un mal cristiano, de Dave Tomlinson, es tan bienvenido como una pinta de cerveza reluciente para un cliente sediento. Libre de monsergas religiosas y de acoso moralista, he aquí un libro que habla de Dios sin aburrirte. Tomlinson permite que la humanidad y la gracia escapen de los grilletes de los pedantes piadosos y fluyan hacia el mundo que todos habitamos. Bellamente escrito, lleno de historias de la calle y de sabiduría, maravilloso y cautivador. Léelo y descubre lo bueno que es estar entre los malos. Un manifiesto apasionante para una forma de vida que marca la diferencia en el mundo".

Mike Riddell, autor de *The Insatiable Moon*

"Dave es súper inteligente, divertido, apasionado, alentador, generoso, trabajador incansable, entregado, creativo y un testigo profundamente fiel del amor de Dios; en resumen, un mal cristiano. Su libro es un gran regalo para todos los que buscan tener una vida abundante, dentro y fuera de la iglesia".

Sara Miles, autora de *Take This Bread* y *Jesus Freak*

"Dave Tomlinson es un excelente sacerdote que está impulsado por el amor de Dios en Cristo y que comprende los instintos espirituales y las necesidades de la gente común. Pero tiene que trabajar desde dentro, y a veces en contra, de una iglesia institucional que, con demasiada frecuencia, no sabe comunicarse en absoluto o nos transmite un Dios falso de rostro repulsivo. Si la fe cristiana quiere capturar la imaginación de nuestra cultura, tiene que aprender las lecciones que nos da este libro".

Jeffrey John, decano de St Albans

"Este es un libro maravilloso, sabio y perspicaz de un hombre que comprende lo que está pasando en los corazones y en las mentes de los millones de nosotros que hemos renunciado a la iglesia, pero que no podemos renunciar a la idea de Dios. Es cálido e ingenioso al mismo tiempo que honesto y profundo. Leerlo te ayudará a comprender lo que realmente está sucediendo con la espiritualidad en este país, que es más emocionante y está más lleno de posibilidades de lo que la mayoría de nosotros creemos. Mejor que eso, te ayudará a entender lo que está pasando en tu propia alma".

Cole Moreton, escritor y periodista

Cuando leo libros de Dave Tomlinson, me dan ganas de besar sus páginas. *Cómo ser un mal cristiano* no es una excepción. Este libro es para cualquiera que alguna vez haya pensado que ser una persona de fe significa que debe ignorar su intelecto y volverse un mojigato. Si todos los vicarios, ministros, sacerdotes y pastores tuvieran la sabiduría compasiva de Dave y su carácter inclusivo radical e incondicional, nuestras iglesias estarían llenas a reventar... y quizás Gandhi nunca hubiera dicho "Tus cristianos son tan diferentes a tu Cristo". Aspiro a ser una cristiana realmente mala.

Karla Yaconelli, escritora

"Tomlinson escribe como párroco con un corazón pastoral para su comunidad, una combinación cada vez más rara en estos tiempos de iglesias dirigidas por directores ejecutivos. Él vuelve a darle a la palabra "pastor" el verdadero sentido de "pastoral" y a la palabra "misión" el de "misionero", cuando describe su comprensión del ministerio contemporáneo en la interconexión entre la iglesia institucional y la comunidad fuera de ella. Quiere que las personas con las que se encuentra en los reclinatorios de la iglesia y en los bares comprendan la esperanza que trae seguir a Jesús. Sus perspectivas son compasivas, atractivas y refrescantes. No tiene miedo de exponer elefante tras elefante sentados en los bancos de cada iglesia. Cualquier persona que se esté capacitado para el liderazgo pastoral debe leer esto, al igual que cualquier persona que esté luchando por comprender lo que se suponía que amar y ser amado por Dios debía significar".

Mark Pierson, pastor, comisario sobre cultos, escritor

"¡Soy un mal cristiano! - y es maravillosamente reconfortante saber que Dios todavía me ama. Dave nos descubre lo que realmente significa el amor de Dios y cómo todos podemos abrazarlo en nuestras vidas, lo que a su vez lo extenderá a nuestra comunidad. Sé amable contigo mismo y lee este libro: me hizo reír y llorar a partes iguales."

Janey Lee Grace, autora de *Look Great Naturally*

"¿Dónde está Dios? Es una pregunta que le hago a menudo a la gente. ¿Vive Dios en la iglesia? ¿Vive Dios en el cristianismo? ¿Vive Dios en el mundo y en todo lo que conocemos? En el libro de Dave Tomlinson *Cómo ser un mal cristiano*, recorremos caminos de descubrimiento para hallar que Dios está donde Dios quiera estar. Este es un libro elegante pero profundo, que impulsa a las personas hacia la receptividad a través de historias y reflexiones. Nos invita a imaginar que "el espíritu sopla donde quiere el Espíritu", y a través de sus historias se nos invita a una generosa ortodoxia de fe donde las personas descubren su humanidad a través del descubrimiento de Dios y de un amor que nos acepta. Lo malo se vuelve bueno y lo bueno se reinventa. Por favor, léalo: podría cambiar las comunidades y el mundo".

Fuzz Kitto, consultor de iglesias internacionales

Cómo ser
Un mal cristiano

…Y un mejor ser humano

Dave Tomlinson

Traducción de Maite García Bayona
Con ilustraciones de Rob Pepper

© SHED PUBLICATIONS

SHED PUBLICATIONS
© 2022

email: davetomlinson@mac.com
Facebook - https://www.facebook.com/dave.tomlinson.925
Twitter - https://twitter.com/goodluker

Para mis nietos,
Gracie, Zoe y Jude

Índice

Agradecimientos

A mi esposa Pat, quien es mi mayor partidaria y mi crítico más confiable, la cual ha asumido además una gran cantidad de trabajo extra para que yo pudiera escribir este libro. A mis hijos Jeni, Paul y Lissy, y sus parejas Paul, Cyndi y Andrée, por su amor y su fe infinita en mí.

A Rob Pepper por sus hermosas ilustraciones y por ser mi amigo y animador. A Katherine Venn, mi editora, por su amistad y sus comentarios enormemente apreciados que hicieron este libro mucho mejor de lo que hubiera sido de otro modo.

A la comunidad de San Lucas por su amor y amistad, y a la gente de Holloway que me proporcionó sus maravillosas historias. A mi amigo y colega Martin Wroe por su eterno optimismo e inspiración. También gracias a Andrew y Sibylle Harrison por presionarme amorosamente para que escribiera este libro. Y a todo el personal de Hodder Faith que creyó en esta empresa y la llevó a buen término con habilidad y entusiasmo.

Gracias a todos y a cada uno de vosotros. ¡Os debo una!

Un cristiano es aquel que está en el camino, aunque no necesariamente haya llegado muy lejos, y que tiene al menos una vaga idea a medio cocinar de a quién dar las gracias.

Frederick Buechner

1. Dios sin monsergas
Cómo mantener la fe y deshacerse de la religión

Cada día la gente se está alejando de la Iglesia y regresando a Dios.

- Lenny Bruce

Era un jueves frío y húmedo de mediados de febrero. Un buen día para un funeral, dirían algunos. La iglesia estaba atestada de gente afligida, únicamente con sitio para estar de pie, reunidos para despedir a un carismático hombre de Islington de setenta y tres años conocido como „Fast Eddie" (Eddie el rápido).

Después de un servicio conmovedor, salpicado de lágrimas y risas, dejamos la iglesia y viajamos al crematorio para proceder a la incineración. Algunos autos que transportaban a familiares importantes se perdieron en el camino, por lo que los procedimientos se retrasaron. La mayoría de la gente se refugió del viento cortante en la capilla del crematorio, donde el ambiente era sorprendentemente optimista para un funeral, lo cierto es que nos habían advertido de que Eddie no quería caras tristes. Aparentemente le dijo a su esposa: „¡Si alguien comienza a llorar, volveré para asustarlo!"

Por lo tanto, sí, la mayoría de la gente trató de cumplir sus deseos. Eddie no era alguien el cual te gustaría que te persiguiera después de muerto.

Mientras esperaba a los que llegaban tarde me encontraba charlando con el director de la funeraria en la parte delantera de la capilla, entonces se me acercó la sobrina de Eddie que llevaba en un cochecito a su bebé de tres meses. „Este es Arthur", dijo. „" ¿Podrías bendecirlo, por favor, Dave? „

"¿Ahora quieres decir?» Respondí.

"Sí, cuando sea», dijo.

Así que allí mismo, en medio del crematorio, para que todos lo vieran, acuné al pequeño Arthur en mis brazos y le di una bendición, trazando la marca de la cruz en su pequeña y sedosa frente. Las cámaras destellaron. Mamá y papá sonrieron. Los abuelos lo miraron con asombro. La congregación aplaudió. El organista pareció desconcertado. Y Arthur me miró, sin idea de lo que estaba pasando o de dónde estaba, pero luciendo perfectamente en paz con todo el asunto.

"¡Maldita sea, Dave!» dijo el director de la funeraria. «¡Nunca había visto algo así antes! Definitivamente es la primera vez que lo veo».

«A Eddie le hubiera encantado», dijo alguien. Todos estuvieron de acuerdo.

El funeral de Eddie ocupó la mayor parte de ese día. Y aunque siempre es triste ser el que presiona el botón en el crematorio, desencadenando esa oleada final de emoción cuando el ataúd se desliza, ese fue uno de mis días más satisfactorios: ser sacerdote para una parte de la familia de Dios que en su mayoría no aparece por la iglesia, pero que forma parte de la familia de Dios de todos modos.

Las conversaciones posteriores en el pub fueron las que tengo a menudo con personas que no van a la iglesia. Pierdo la cuenta de las veces que la gente me dice, en tono de disculpa: «No soy muy buen cristiano...»

La culpa subyacente en la declaración me inquieta. ¿De dónde viene esa culpa? Son buenas personas, que me agradan, a las cuales respeto y con las que disfruto pasar mi tiempo. No encuentro ninguna diferencia sustancial entre ellos y las personas que asisten a la iglesia todos los domingos. ¿Son seres humanos menos decentes? ¿Aman menos a sus hijos o tratan con menos empeño o sinceridad de tomar buenas decisiones en su vida? ¡Por supuesto que no!

Así que a menudo digo: "¡Bueno, yo también soy un mal cristiano!" En ese momento se retiran, con los ojos bien abiertos por la sorpresa. O sonríen. O les sale una risilla tonta ante la idea de un vicario admitiendo que es un mal cristiano.

De hecho, Michael, uno de los amigos de Fast Eddie, se disculpó conmigo porque no había venido a la iglesia. "No hay necesidad de disculparse", respondí. "La mayoría de la gente no viene a la iglesia". Pero si por un momento pensara que a Dios le importase en lo más mínimo si vienes a la iglesia o no, ¡me volvería ateo aquí y ahora!"

Irónicamente, el resultado de esta conversación fue que Michael apareció en la iglesia la semana siguiente.

No me malinterpreten: creo que hay buenas razones para ser parte de una comunidad eclesiástica, a las que llegaremos más adelante en el libro. Pero no puedo creer que Dios divida el mundo entre feligreses y no feligreses, o entre gente que cree y gente que no cree. Qué idea más absurda. Seguramente el juicio de Dios es más sofisticado que todo es. Seguramente Dios está más interesado en la clase de personas que somos, en las decisiones que tomamos en la vida y en la forma en que tratamos a las personas que en lo que hacemos los domingos por la mañana.

Sé por incontables conversaciones con el tipo de personas como las que asistieron al funeral de Eddie, que no hay escasez de percepción espiritual ni de sensibilidad en la vida de las personas que nunca aparecen por una iglesia. Mucha gente reflexiona sobre el significado de la vida, mientras están despiertos en la cama por la noche, o mientras toman un par de pintas de cerveza en el pub. Muchos tienen experiencias espirituales genuinas de un tipo u otro. Muchos tienen una visión teológica deliciosa, la mayoría expresada en una terminología refrescante y no religiosa.

Sin embargo, muy pocas de estas personas imaginan que ir a la iglesia agregará algo significativo a sus vidas o les proporcionará habilidades o recursos útiles para afrontar la vida de manera más eficaz. En la mente de la mayoría de los que no asisten a la iglesia, la religión y la iglesia son para los puritanos, los frikis religiosos y los beatos, o incluso, lamentablemente, para las personas que se creen mejores que ellos.

Pero esto no significa que Dios no sea parte de sus vidas, o que no estén en algún tipo de viaje espiritual. Lejos de eso: algunas de las percepciones espirituales más conmovedoras e impresionantes que me encuentro provienen de personas que nunca se acercan a una iglesia ni se consideran religiosas. De hecho, no puedo decirles cuántos de mis sermones contienen pedacitos de sabiduría de amigos y feligreses no religiosos.

También existe la idea errónea de que ser cristiano significa que tienes que creer en ciertas cosas o dar el visto bueno a un montón de ideas y teorías religiosas. Esto simplemente no es así. Las creencias son importantes; tengo unas cuantas de ellas. Pero no creo que ninguna de mis creencias vaya a llevarme al cielo, ¡ni a dejarme fuera! No puedo ver a San Pedro al pie de las puertas del cielo con un portapapeles revisando las creencias de la gente. Jesús mismo no exigió que las personas se suscribieran a doctrinas particulares antes de convertirse en sus seguidores. Pero sí llamó a la gente a cambiar sus costumbres: a dejar de ser codiciosos, a convertirse en gentes de paz, a amar a sus enemigos, etc. Jesús nunca escribió un libro, nunca fundó un credo ni creó una iglesia y nunca tuvo la intención de comenzar una nueva religión. Simplemente mostró el camino del amor, la regla de oro en cualquier tradición religiosa, e invitó a la gente a unirse a él.

Jesús ciertamente no inventó el término "cristiano", que en realidad aparece sólo tres veces en toda la Biblia. Probablemente fue un término originalmente ideado por críticos de los seguidores de Cristo, al menos una década después de su muerte, como un término de burla. Pero se mantuvo, para bien o para mal.

Antes de tomar el nombre de "cristianos", los primeros seguidores de Cristo eran conocidos simplemente como "gente del camino", personas que se identificaban con el estilo de vida que Jesús enseñó y puso en práctica. Me gusta eso de «gente del camino». Sugiere ser parte del viaje, más que parte de una organización. Y conozco a muchas personas que nunca asisten a la iglesia, que luchan con los credos y doctrinas, que se apartan de la idea de ser religiosos, pero que están muy en el camino de Cristo. Negarían ser cristianos. ¡Pero están mintiendo entre dientes! Son gente del camino: "malos cristianos" de principio a fin.

Seamos claros: el cristianismo es cuestión de fe, no de creencias. Hay una diferencia. La fe trata de tener confianza, mientras que las creencias se parecen más a tener opiniones. Es posible tener creencias apasionadas y discutir sobre ellas hasta que las ranas tengan pelo, sin que eso nos marque un ápice. Pero la confianza no tiene que ver con creencias, credos, opiniones ni argumentos; es algo más instintivo y fundamental. No necesita palabras. Nos sale de las entrañas.

Carol es alguien con quien pasé tiempo hablando en el pub después del funeral de Eddie. Es asombroso lo que la gente llega a contarte solo porque llevas un alzacuello y pareces medio humano. Cuando me contó sobre el matrimonio abusivo del que había escapado un par de años antes, no podía creer su historia. Apenas podía evitar llorar en mi vaso de cerveza mientras escuchaba su historia de violencia y brutalidad, de cigarrillos apagados en su cuerpo y moretones ocultos para que sus amigos y familiares no lo supieran.

"No voy a la iglesia, Dave", me dijo. "No soy religiosa ni nada de eso. Pero lo que me ayudó a superar esta situación fue saber que Alguien o Algo estaba conmigo - Dios, Cristo, o como quieras llamarlo. Y esa voz me dijo:" No te preocupes; superarás esto. Se detendrá. "Y lo hizo. No sé qué es, Dave, pero lo que sé, de forma firme como una roca, es que hay Algo ahí. Algo que me ayudó a sobrellevarlo».

Carol tenía fe, confianza. Montones de ella. Su fuerte no eran las frases religiosas. No sabía usar frases bonitas de esas que se dicen en la iglesia. Pero tenía fe en algún tipo de presencia amorosa y de apoyo que la ayudó a sobrellevar su calvario. ¡Tenía a Dios sin monsergas!

El escritor español Miguel Unamuno dramatiza maravillosamente la diferencia entre fe y creencia en su cuento "San Manuel Bueno, mártir", que cuenta la historia de un joven en el lecho de muerte de su madre. Con el sacerdote local presente en la sala, la mujer toma la mano de su hijo y le pide que ore por ella. El hijo se sienta en silencio. Cuando sale de la habitación, le dice al sacerdote que no puede orar por su madre porque no cree en Dios. "Eso es una tontería", responde el sacerdote. "No tienes que creer en Dios para orar".

El tipo de oración a la que se refería el sacerdote, el tipo de oración que la mujer moribunda esperaba y el que Carol rezaba cuando le caían los golpes, no era el tipo de oración de un libro de oraciones, sino el que surge de las entrañas.

Es visceral, algo casi físico. Puede parecer absurdo e ilógico cuando se analiza, pero es instintivo e irrefrenable. Se trata de tener fe, no palabras y creencias, sino una profunda confianza.

Pero, ¿en qué confiamos en esos momentos? ¿A quién clamamos en nuestra necesidad? A Dios, sí, pero no a un anciano con barba que está en el cielo. Nadie en su sano juicio cree ya en esa clase de Dios. Dios es, sin duda, un misterio que trasciende todo lo que los humanos podemos imaginar. Y sin embargo...

Y sin embargo, aunque sabemos que Dios no es ningún tipo de ser humano - ¡ni siquiera un Superman! - la única forma en que podemos imaginarnos a Dios es en términos personales. Tradicionalmente, los cristianos han retratado a Dios como una figura paterna, pero también podemos imaginar a Dios como una madre, un padre amoroso, una presencia constante en los buenos y en los malos momentos, que está ahí para nosotros. A menudo, nos gustaría que Dios interviniera y transformara milagrosamente nuestras circunstancias, y de vez en cuando algo así parece suceder. Sin embargo, más a menudo, como muestra la historia de Carol, se experimenta a Dios como una presencia de apoyo y fortalecimiento que nos ayuda a superar circunstancias dolorosas.

No necesitas ser religioso para sentir a Dios como una presencia amorosa en tu vida. Personalmente, creo que sería mucho mejor que la Iglesia dejara de intentar inyectar el evangelio en la vida de las personas y reconociera que Dios ya está allí, con nombre o sin nombre. Los cuáqueros tienen una manera maravillosa de entender esto con la idea de una „luz interior", o „El Cristo interior". Sostienen que hay „eso de Dios" dentro de cada uno de nosotros, y que esto no tiene nada que ver con la religión o con asistir a la iglesia; es parte del ser humano.

Creo que la palabra „cristiano" se refleja mucho mejor como un verbo que como un sustantivo. Jesús no llamó a la gente a usar una insignia o a unirse a un club. Los llamó a seguirlo: a unirse a él en la difusión del amor y de la curación en el mundo. Cuando tratamos la palabra „cristiano" como un verbo, una „palabra activa", en lugar de como un sustantivo, todo cambia. Dejamos de decir „soy cristiano" y empezamos a ver cómo podemos comportarnos de manera cristiana. La fe cristiana se ve entonces como una práctica espiritual más que como un sistema de creencias.

Entonces, ¿cómo se ve el cristianismo como una práctica espiritual en lugar de como un sistema de creencias? De eso trata realmente el resto de este libro. Por ahora, permitidme señalar solo tres cosas.

La primera, el cristianismo como práctica espiritual significa aprender a vivir en la presencia de un Dios amoroso, sabiendo que nunca estás solo y que el amor de Dios por ti nunca se acabará.

En segundo lugar, significa aprender a tomar buenas decisiones, respondiendo a la vida de manera que respetemos nuestro sentido más profundo de lo que es correcto.

En tercer lugar, significa aprender a amar a nuestro prójimo como nos amamos a nosotros mismos, convirtiéndonos en dadores en lugar de ser meros receptores.

El tipo de personas que asistieron al funeral de Fast Eddie son del tipo de las legiones de personas que se alejan del cristianismo por todas las monsergas y la parafernalia que se ha desarrollado a su alrededor a lo largo de dos mil años.

Este libro está escrito para ellos, para ti y para innumerables personas comunes y corrientes a las que pueden darle grima la religión organizada o las que tienen poco tiempo para los credos y doctrinas o para ir a la iglesia, y sin embargo intentan, aunque de manera vacilante, vivir en el espíritu del cristianismo o de la religión verdadera: estar en "el camino".

Entonces, oye, si la gorra te queda bien, úsala.

¡Felicidades!

¡Eres un mal cristiano!

2. Toparse con Dios

Cómo encontrar a Dios sin acercarse a una iglesia

El ojo que ve nobleza y belleza en lo que otro consideraría
ordinario es el ojo de la oración.

- Hermana Wendy Beckett

Holy Joes era una „iglesia" para malos cristianos.

Nos reuníamos en la sala de arriba de un pub en el sur de Londres, y durante los diez años que dirigí el grupo, este brindaba una oportunidad "sin restricciones" para que la gente explorara, debatiera y discutiera sobre la religión y el cristianismo, sin que nadie les dijera al final de la velada lo que se suponía que debían pensar o creer. No había ninguno de los adornos habituales de una iglesia, solo el espacio para interactuar y explorar con unas copas de por medio.

Cuando Andrew apareció por primera vez en Holy Joes anunció que era un pagano y que formaba parte de un grupo pagano llamado Philoso-Forum que también se reunía en un pub del sur de Londres. Era un hombre de mente abierta con una excelente comprensión del cristianismo, que contribuyó de manera constructiva al grupo. Después de algunos meses sugirió que Holy Joes y Philoso-Forum se reunieran para dialogar. De hecho, terminamos reuniéndonos en tres ocasiones, cada una de las cuales fue fascinante.

Durante una de nuestras reuniones, la gente de ambos grupos habló sobre su primera experiencia espiritual. Andrew habló de una ocasión en la que, a los once años, estaba paseando por un bosque local durante las vacaciones de verano, cuando se detuvo en un claro y se sintió abrumado por una sensación de unidad con todo lo que le rodeaba: los árboles y las flores, el sonido de los pájaros, el olor del bosque. Inexplicablemente, se quedó allí llorando de alegría.

Cuando le explicó con entusiasmo a su maestro de la escuela dominical sobre su experiencia, le contó que se había sentido rodeado por los espíritus de los árboles, de las flores y de los pájaros. El maestro, con un rostro sombrío, claramente lo desaprobó y le dijo al joven que hablar de los espíritus de la naturaleza era pagano y peligroso.

Andrew no fue a la iglesia después de esto, pero irónicamente al final se convirtió en pagano. Reflexionando sobre la experiencia, dijo que si su maestro lo hubiera alentado a entender los "espíritus" como la presencia de Dios en la naturaleza, probablemente aún sería cristiano.

Andrew se topó con Dios en el bosque, de una manera que nunca había hecho en la iglesia. Y está lejos de ser el único: muchas personas se sienten más cercanas a Dios en la naturaleza, o al compartir una comida con amigos, o al ver una película, o lo que sea, que en una reunión religiosa.

Cualquiera que haya visto la película clásica de 1999 *American Beauty* recordará la escena de las bolsas de plástico. Es donde el adolescente Ricky le pregunta a su amiga Jane si le gustaría ver la cosa más hermosa que jamás haya filmado. Ricky es una especie de místico con problemas que ve belleza en las minucias de la vida cotidiana y las graba tanto como puede por miedo a perdérselas.

Así que se sientan frente al televisor de Ricky para ver su preciada película: una secuencia inquietante de una bolsa de plástico bailando con el viento frente a una pared pintada con grafitis. Con lágrimas en los ojos, Ricky explica: "Fue uno de esos días en los que falta un minuto para nevar y hay esa electricidad en el aire que casi puede escucharse. Y esta bolsa estaba como bailando conmigo. Como un niño rogándome que jugara con él. Durante quince minutos. Y ese fue el día que supe que había toda esta vida detrás de las cosas, y... esta fuerza increíblemente benevolente, que quería que supiera que no había razón para tener miedo... nunca. El video es una mala excusa, lo sé. Pero me ayuda a recordar... y necesito recordar... A veces hay tanta belleza en el mundo que siento que no puedo soportarlo, como si mi corazón fuera a derrumbarse".

Lo que Ricky relata y lo que Andrew experimentó en el bosque son los tipos de encuentros místicos que se encuentran dentro de todas las tradiciones religiosas del mundo: cuando una persona echa un vistazo más allá del mundo exterior de los objetos y de los eventos para echar un vistazo a una realidad mayor que existe a nuestro alrededor y dentro de nosotros: "toda esta vida detrás de las cosas, y... esta fuerza increíblemente benevolente".

La mayoría de las veces, la mayoría de nosotros no somos conscientes de esta gran realidad detrás de las cosas. Estamos inmersos en lo mundano, preocupados por el mundo exterior. La dimensión interior o espiritual permanece oculta; Dios parece ausente. Sin embargo, un místico merodea dentro de cada uno de nosotros, esperando ser descubierto y nutrido.

Todos tenemos momentos en los que vislumbramos algo más allá del mundo puramente material, cuando "nos topamos con Dios". Pero no necesariamente pensamos en ellos como experiencias religiosas o espirituales. Estoy hablando de esos momentos "sagrados" ordinarios que pueden ser alegres, tristes, inspiradores, melancólicos o asombrosos:

Cuando recibimos la inmerecida sonrisa de un niño;
Al contemplar la Vía Láctea en una noche oscura lejos de las luces de la ciudad;
Cuando tomamos la mano de un ser querido moribundo;
Al contemplar una ciudad blanqueada por la caída reciente de la nieve;
Cuando lloramos por una relación rota;
Cuando tomamos una cerveza fría en un día de verano, sin nada que hacer;
Cuando nos sentimos inspirados por un nuevo proyecto;
Cuando escuchamos a un mirlo cantar mientras cae el atardecer en invierno;
Cuando estamos parados frente a una tumba abierta.

La vida está llena de momentos *Divinos*, pero solemos caminar por el otro lado, ansiosos por una reunión, apresurándonos para tomar el autobús, preguntándonos qué hacer esta noche, soñando con el fin de semana, dormidos por dentro.

Y el mundo es un lugar ambiguo, así que a veces perdemos las experiencias *Divinas* porque somos demasiado conscientes de la oscuridad y de la maldad que vemos o que escuchamos en los medios. En el mejor de los casos, la religión puede ayudarnos a no sentirnos abrumados por la oscuridad e incluso a creer que podemos hacer una pequeña contribución para eliminarla. La fe es una forma de interpretar el mundo, de dar sentido a los momentos *Divinos* y de encontrar esperanza en los tiempos oscuros.

Sin embargo, cada vez más, las explicaciones religiosas parecen vacías, obsoletas e irrelevantes. La mayoría de nosotros nunca pensamos en ir a la iglesia, porque no tenemos confianza en que nos ofrecerá algún tipo de visión de Dios o del universo que sea convincente, inspiradora o útil. Pero las preguntas persisten, aunque con frecuencia se nos olvidan.

Hace un tiempo oficié el funeral de Gilbert, un bebé de dos semanas. Después de un servicio desgarrador en el crematorio, pasé (¡una vez más!) La mayor parte del día en el pub con unos setenta parientes y amigos de la familia. (Siempre es complicado atravesar un día en el que todo el mundo parece empeñado en invitar a beber algo al párroco). Caminando hacia casa varias horas después, reflexionaba con satisfacción sobre las cuarenta conversaciones importantes que debía haber tenido aquel día.

Muchos de ellas estaban enfocadas naturalmente en el desconcertante dilema de la muerte de un bebé, tratando de encontrar la esperanza que mencioné hace un momento. Pero una vez que la gente decidió que yo no era la figura vaga y piadosa que de alguna manera esperaban que fuese un cura, me inundaron de todas las preguntas y consultas que habían guardado en ese archivo llamado "Preguntas muy difíciles de las que debo obtener respuestas algún día".

Sin embargo, las conversaciones más importantes se centraron en cuestiones personales sobre el duelo y las relaciones rotas, sobre secretos culpables y sentimientos de vergüenza. Estábamos en un pub, no en una iglesia, pero Dios llenó el lugar. Hacia el final del día, el padre del niño fallecido dijo: "Creo que has encontrado un nuevo rebaño aquí, Dave".

El problema es que tenemos muy pocas oportunidades de abrir nuestro archivo de preguntas difíciles y sin respuesta. Y nuestra cultura ofrece un discurso escaso para expresar o explorar nuestra espiritualidad de una manera que no sea ni horriblemente eclesiástica ni espantosamente new age.

Toda la nación de "Dios" es el ejemplo perfecto de esto. La mayoría de la gente ha descartado hace mucho tiempo la idea de un anciano con una larga barba sentado a las puertas del cielo, pero ¿qué ponemos en su lugar? Algunos teólogos hablan de Dios como «La base del ser» o la «realidad última», lo cual está bien, pero es demasiado abstracto para que la mayoría de nosotros nos identifiquemos.

En realidad, estoy con Ricky: creo en Dios como «Esta fuerza increíblemente benévola» en el universo, un Dios que es íntimo, intenso e inmanente, arraigado en la sustancia

19

misma del mundo. Dios, para mí, es la presencia radical en todo, que se entiende mejor no como una entidad allá, un objeto entre otros objetos, sino como el misterio en el centro de la realidad ordinaria.

Dios está en todas partes y en todo; o, para ser más precisos, todo está en Dios. Así que no necesitamos pedirle a Dios que se acerque o que esté presente en nuestras vidas. ¡Dios ya está ahí! No necesitamos buscar a Dios en un lugar especial: una iglesia, una mezquita o una sinagoga. Dios está radicalmente presente con nosotros, más cerca incluso que nuestro aliento. De hecho, la palabra „espíritu" en realidad significa „aliento". El Espíritu de Dios es el aliento de la creación, el aire en nuestros pulmones, el Espíritu del cosmos, la fuerza vital dentro de cada ser humano y de cada criatura en la tierra. El libro de Job, por ejemplo, dice que si Dios „decidiera contener la respiración, todo hombre, mujer y niño moriría por falta de aire".[1]

También hay un hermoso comentario en el Evangelio de Santo Tomás donde Cristo dice: "Yo soy la luz por encima de todo. Estoy en todo. Todo salió de mí, y todo me alcanzó. Corta madera y allí estoy. Levanta una piedra y allí me encontrarás".[2]

---

[1] Job 34: 14-15 (La traducción del Mensaje).

[2] El Evangelio de Santo Tomás es uno de los muchos primeros escritos cristianos que no se incluyó en la compilación final de la Biblia. A diferencia de los evangelios del Nuevo Testamento, no tiene un relato narrativo de la vida de Cristo, sino que consiste enteramente en sus palabras, muchas de los cuales también aparecen en los evangelios del Nuevo Testamento. Vale la pena leerlo junto con los otros evangelios.

Un mal cristiano es alguien que se da cuenta de la presencia divina en el mundo y aprende a cultivar esa conciencia.

Estuve en un concierto de Moby recientemente (el productor musical, DJ y fotógrafo de Nueva York). Fui esperando disfrutar de la música, escuchar algunas canciones nuevas y ver a un músico al que admiro. Pero al final resultó ser una experiencia espiritual en la que me encontré con Dios, además de toparme (literalmente) con tres mil personas apiñadas en el Roundhouse en Camden. Al salir de aquel lugar sentí que había estado en una "iglesia", donde los espíritus se habían elevado y la vida era celebrada. La gente se fue con el alma sonriente.

En un libro con el maravilloso título de *Pasión mística: espiritualidad para una sociedad aburrida*, William McNamara dice que es mejor quedarse en casa y oler una flor, hornear una tarta de manzana o barrer el suelo que tener una experiencia presuntuosa y falsa en una reunión de oración. Es mejor simplemente disfrutar del sol o de un buen espectáculo que entrometerse con curiosidad y vanidad en lo oculto. Es mejor jugar con los perros en el jardín trasero que entablar una conversación espiritual altiva en la iglesia, si los perros nos ayudan a ser menos egoístas y a estar más centrados en Dios.

Este es mi tipo de espiritualidad. ¿Cómo podemos aspirar a una vida santa si no podemos encontrar a Dios en las cosas sencillas como un vaso de cerveza, un concierto en el Round-house, un baño caliente, un buen beso, una carcajada, un abrazo con un amigo, o la satisfacción de un trabajo bien hecho?

La Iglesia sostiene que ciertos elementos cotidianos, por ejemplo, el agua en el bautismo, el pan y el vino en la Eucaristía, comunican misteriosamente la presencia divina a quienes se bautizan o reciben la Comunión. Sin embargo, la lógica detrás de los sacramentos es que el universo entero es un vasto sistema sacramental: todo en el mundo tiene la posibilidad de mediar en lo divino. Es literalmente imposible no toparse con Dios en los mundos material y humano: "Corta madera y allí estoy. Levanta una piedra y allí me encontrarás".

Es bueno disfrutar recibiendo la Comunión, pero también celebrar la presencia de Cristo en cada comida, en cada interacción humana. "Corta una hogaza de pan, prueba una copa de vino y allí me encontrarás. Mira a los ojos de un amigo o de un extraño por igual y me verás devolviéndote la mirada".

3. ¡Es todo lo que necesitas!

Cómo amar tu camino al cielo

El propósito de las principales tradiciones religiosas no es construir grandes templos ahí fuera, sino crear templos de bondad y compasión dentro, en nuestros corazones.

\- El Dalai Lama

Kay me dijo que ella era una mala cristiana.

"Creo en Dios... o en algo... ya sabes a qué me refiero", me dijo. "Y lo hago lo mejor que puedo, como todos los demás. Pero cuando veo gente que va a la iglesia, sé que eso no es para mí. No soy como ellos. Mi vida es un poco complicada. Estoy más feliz orando aquí en casa. Esta es mi iglesia".

En ese momento, Kay estaba organizando el funeral de Eric, uno de sus vecinos. Eric tenía setenta y un años y creció en Glasgow. Pero eso es todo lo que se sabía sobre sus orígenes. No tenía parientes conocidos, pero vivió en el área de Holloway en el norte de Londres durante treinta años, donde era una figura popular. Siempre bromeaba con los niños y ayudaba a los ancianos, y nunca se le veía sin su divertido sombrero de tartán con su borla de lana en la parte superior. Kay acogió a Eric en su (muy extendida) familia y le invitaba a la comida de los domingos todas las semanas, junto con sus hijos y nietos, sus amigos y cualquier otra persona que estuviera cerca. "¡Entrad – ya nos estiraremos!» eran sus palabras y su filosofía.

Hay una frase en una canción de Nick Cave que dice: "Ella tiene el corazón tan grande como la casa donde todos nosotros vivimos". Esa es una descripción bastante buena de Kay, tenía el corazón tan grande como una casa.

Cuando se dio cuenta de que, sin parientes cercanos y sin apenas un centavo a su nombre, Eric iba a ser enterrado en una fosa común sin lápida ni ningún medio de identificación, Kay organizó una colecta entre sus vecinos para pagar el funeral. Así que Eric fue enterrado amorosamente en su propia tumba, llevando con orgullo su nombre. Y fue un honor para mí dirigir el servicio en el que Kay rindió un homenaje sencillo y conmovedor a su amigo escocés.

Sin embargo, el alcance total de la generosidad de Kay solo se hizo evidente un año después cuando descubrí que, en el evento, solo había logrado reunir la mitad del dinero para el funeral, por lo que había llegado a un acuerdo con el director de la funeraria para pagar el resto a lo largo de tres años con sus escasos ingresos. Después de escuchar esto, invité a varias personas de la iglesia a saldar la deuda, y un par de días después pudimos entregar la cantidad pendiente.

Como mencioné en el primer capítulo, a los cristianos se les llamó originalmente "gente del camino", personas que siguieron el ejemplo de Jesús de hacer del amor una forma de vida. Usando esta vara de medir, Kay es tan buena cristiana como cualquier otra que conozca, y mucho mejor que la mayoría. Créanme, si hay un paraíso, ¡Kay está al principio de la cola!

Con demasiada frecuencia, el indicador que se utiliza para juzgar la autenticidad de la fe de una persona son sus creencias: ¿creen ellos en a, b o c? ¿Están a la altura de lo que se considera fe ortodoxa? Pero Jesús tenía un enfoque diferente. Estaba menos preocupado por las creencias de una persona (su ortodoxia) que por su comportamiento (su ortopraxis). Él decía: "Así es como todos reconocerán

25

que son mis discípulos, cuando vean el amor que se tienen los unos a los otros.[3] El amor es lo que importa; el resto es fachada.

Pero no es necesario que nos digan esto, ¿verdad? Instintivamente sabemos que el amor es lo que cuenta; que todo lo que necesitas es amor. Está en el ADN de cada tradición religiosa, de cada sistema moral. Todo mal cristiano / judío / budista / musulmán / hindú / humanista sabe que el amor es la regla de oro: haz a los demás lo que te gustaría que te hicieran a ti.

Nadie en su sano juicio sugeriría que el odio, la falta de bondad o la crueldad son virtudes, o que representan aquello de lo que realmente trata la religión. Claro, hay chiflados en cada comunidad que van por ahí lastimando y matando en nombre de su „dios", pero el resto de nosotros sabemos que esas cosas son basura y nada tienen que ver con la religión. San Pablo da justo en el clavo cuando dice que aunque tengamos la suficiente fe para mover montañas, nada somos sin amor.

San Pablo también argumenta que el amor es el cumplimiento de la ley. En otras palabras, cada regla o precepto religioso es solo un intento de legislar lo que significa el amor en la práctica. En el mejor de los casos, las leyes son malos sustitutos del tema verdaderamente importante: el amor.

[3] Ver Juan 13.35 (El Mensaje)

Sin embargo, como todos sabemos, la teoría es una cosa y la práctica otra. A veces, el amor es un trabajo realmente duro; en ocasiones parece algo imposible. Por eso ayuda recordarnos a nosotros mismos que el amor no es simplemente una emoción, más bien es una elección, un acto de voluntad, una decisión de trabajar por el bienestar de la otra persona, incluso cuando eso signifique sacrificar nuestro propio bienestar. El amor no trata de sentimientos rosados y esponjosos. Ni siquiera depende necesariamente de que nos guste otra persona.

Jesús les dijo a sus oyentes que solo hay dos leyes que importan. Si se siguen estas, podemos olvidar el resto. La primera es amar a Dios con todo nuestro corazón, alma y mente, y la segunda es amar a nuestro prójimo como a nosotros mismo.

Pero, ¿qué significa amar a Dios? ¿Cómo se supone que hacemos esto? ¿Cantando himnos, haciendo cosas religiosas, diciendo muchas oraciones? No necesariamente. Incluso hay lugares en la Biblia donde dice que Dios detestaba tales cosas, cuando los llamados «adoradores» estaban, al mismo tiempo, oprimiendo a los pobres, manipulando sus finanzas y perpetrando injusticias.

Amar a Dios no es necesariamente una actividad religiosa. No es necesario ser cristiano, judío o musulmán para amar a Dios. No es necesario asistir a una iglesia o mezquita, ni seguir ningún tipo de ritual. Amar a Dios es mucho más básico que eso, mucho más rutinario y humano. En realidad, hay millones de formas de amar a Dios, la mayoría de las cuales no tienen nada que ver con la iglesia o la religión. Por ejemplo, amamos a Dios cuando:

Disfrutamos de nuestros muchos dones humanos y vivimos la vida con gratitud;

Llenamos nuestros pulmones de aire fresco y nos alegramos de estar vivos;

Disfrutamos y cuidamos de la creación de Dios;

Vivimos plenamente en el momento presente, quizás apreciando detalles de la vida que damos por sentados;

Perdonamos una ofensa contra nosotros;

Tomamos medidas para hacer del mundo un lugar más justo;

Comemos, bebemos y disfrutamos de tener un techo para refugiarnos con el corazón agradecido

-Y ofrecemos una oración por los menos afortunados.

Sin embargo, es imposible separar los dos mandamientos: no podemos amar a Dios sin amar al prójimo. Este es el punto que Jesús hace en la parábola del buen samaritano. Dos líderes religiosos ignoraron a un herido que había sido asaltado y había quedado medio muerto al lado de la carretera, mientras huían para cumplir con sus deberes religiosos; lo esquivaron pasando por el otro lado. Sin embargo, un samaritano, que era despreciado por muchos judíos en ese momento y considerado impuro ante Dios, acudió en ayuda del herido, pagando incluso por sus cuidado y recuperación.

¿A quién le importa si el samaritano no había cumplido con todos los deberes religiosos "correctos"? ¡Al hombre herido ciertamente no le importó! ¿A quién le molesta que Kay no asista a la iglesia con regularidad, una mujer que constantemente se esfuerza por ser amable y cariñosa con la gente? ¿No es esto lo que cuenta?

Pero espera. Hay un elemento más en el mandamiento que Jesús cita, que dice: "Amarás a tu prójimo como a ti mismo". La suposición que a menudo se pasa por alto es que realmente nos amamos a nosotros mismos. ¿Pero realmente lo hacemos? ¿Y qué significa amarnos a nosotros mismos?

El amor propio, en este contexto, no es lo mismo que narcisismo o egoísmo; se trata de respetarnos y aceptarnos a nosotros mismos. Significa valorarse a uno mismo. Podríamos imaginar que la Iglesia sería un gran lugar para desarrollar la autoestima. ¿No va el evangelio de un Dios que ama a cada individuo de manera única? Sin embargo, en la práctica, muchas personas encuentran su autoestima menoscabada por la iglesia al sentirse culpables de no estar a la altura de ciertas expectativas o por la preocupación por el pecado y las imágenes punitivas de Dios.

Cuando trabajaba como capellán en un hospital tratando a personas con VIH / SIDA, conocí a Brian, un elegante hombre gay de poco más de cincuenta años. Estaba a punto de irse a casa durante el fin de semana, pero preguntó si podía conocerme primero. Brian estaba preocupado por la sensación recurrente de que Dios lo odiaba por ser gay. Creció siendo católico y, a pesar de haber adoptado un estilo de vida gay y de haber vivido con una pareja a la que adoraba durante veinte años, Brian nunca logró deshacerse de la creencia que se le inculcó cuando era adolescente de que la homosexualidad era un pecado mortal.

Ahora, ante la perspectiva de conocer a su Creador más pronto que tarde, el sentimiento de que Dios lo rechazaba atormentaba a Brian. Le aseguré que era un hermoso ser humano y que Dios estaba orgulloso de él, así como sus amigos y familiares también lo estaban. Le dije que lo único que podía pensar que Dios odiaría era la culpa que sentía por amar a su amado Michael de la manera en qué lo hacía.

Fue una batalla cuesta arriba. Acordamos seguir charlando después del fin de semana, pero Brian nunca regresó. Se quitó la vida. Yo estaba devastado. Y furioso de que tal miseria fuera infligida en nombre de un Dios amoroso. Mi único consuelo es mi profunda creencia de que Brian ahora está descubriendo lo que es ser verdaderamente amado por Dios.

La autoestima florece en un contexto de aprobación y aceptación. Cuán diferente podría haber sido la vida de Brian si hubiera conocido tal contexto en la Iglesia (es circunstancial que fuera católico; bien podría haber tenido una experiencia similar en otras partes de la Iglesia, incluida la Iglesia de Inglaterra). En su funeral, su angustiada madre arremetió contra la religión que había atormentado a su hijo. «¿Por qué le hiciste esto a un hombre cuyo corazón estaba lleno de amor?», Gritó. "¿Por qué crucificaste a mi hermoso hijo?» La ironía en sus palabras se filtró en mi alma cuando escuché la voz de Dios llamando desde el corazón de una madre afligida.

Dentro del cristianismo, el sentido del amor incondicional comienza con el bautismo de un niño, que debe entenderse no como un recordatorio de la noción (errónea) del pecado original, sino como un símbolo de la gracia divina, de la aceptación incondicional. En una cultura consumista y obsesionada con las celebridades, ¿qué podría ser mejor que afirmar el valor inestimable de una pequeño trozo de humanidad: un niño que no ha logrado nada más que sobrevivir a su entrada en el mundo y no ha contribuido nada más que con el regalo de su presencia?

Pero no se detiene ahí. Todos necesitamos conocer el amor de Dios como una realidad práctica. Lamentablemente, esto no le sucedió a Brian, al menos no en este mundo. Y fue ver lo que la condena y la exclusión le provocaron, lo que encendió mi pasión y visión por las iglesias integradoras, donde se comunica el amor incondicional de Dios y donde se abraza y se celebra la diferencia. No hay nada más fundamental para la fe cristiana que el mensaje de que Dios nos ama, pase lo que pase. Es lo que significa la palabra "gracia": la aceptación gratuita de Dios. Siempre que se imponen condiciones al amor de Dios, el evangelio se menoscaba y se falsifica.

Lamentablemente, en mi breve encuentro con Brian, no logré comunicar la gracia de Dios lo suficiente como para evitar que se quitara la vida. Pero he visto muchas, muchas vidas transformadas por la realización del amor incondicional de Dios. Este, creo, es el poder real del mensaje cristiano, tan a menudo enterrado bajo toneladas de dogmas religiosos que no tienen nada que ver con la enseñanza de Cristo.

Saber que Dios nos ama y nos valora puede capacitarnos para valorarnos más y para desarrollar el respeto hacia nosotros mismos. Y esto nos proporciona la base para tomar mejores decisiones en la vida, para fortalecer la integridad personal y para empoderarnos y decidir quiénes y qué deseamos ser, en lugar de ser empujados por los caprichos de los demás o por las modas y los modismos de la gente en general.

Cuando miro a nuestros jóvenes en San Lucas, a muchos de los cuales yo mismo bauticé, y que ahora se van a la universidad o están comenzando un trabajo, me siento emocionado de que estén entrando en el mundo con altos niveles de respeto por sí mismos y arraigados en el conocimiento del amor de Dios, que han experimentado tanto en esta comunidad como dentro de sus familias.

El corazón y el alma de toda religión verdadera es este: amar y ser amado. La Biblia solo da una definición de Dios:

Dios es amor. Y en lo que debe ser una de las declaraciones más inclusivas de la Escritura, San Juan escribe: "Los que viven en el amor viven en Dios, y Dios vive en ellos".[4]

Greg es un feligrés local que también organizó un funeral para alguien sin parientes cercanos: un anciano de setenta y cinco años llamado George. Greg es el cuidador del bloque de apartamentos donde vivía George, ¡y qué cuidador resultó ser! Yendo mucho más allá de la llamada del deber, llegó al crematorio, trayendo consigo a su esposa, a su niño pequeño en su cochecito y a su suegra. Este pequeño cuarteto constituía toda la congregación presente para despedir a George de este mundo. Justo antes de que despachara el ataúd a través de las cortinas, Greg se acercó a él, se quedó unos momentos en silencio y luego se despidió de forma conmovedora de George, plantando un beso en la sencilla caja de madera. Conteniendo mis lágrimas, reflexioné en silencio sobre lo maravilloso que era que la despedida de George no hubiera sido en solitario; que el deber cívico hubiera sido trascendido por la amistad y un tierno amor.

Greg es un ciudadano del norte de Londres tosco y humilde que no pretende tener fe. No espero verlo en la iglesia, aparte de cuando su esposa lo lleva a rastras a la misa de Navidad. Pero si los que practican el amor viven en Dios y Dios vive en ellos, entonces, como Kay, Greg va camino del cielo. ¡No hay duda!

[4] 1 Juan 4:16 (*Common Worship: Pastoral Services*) (*Adoración común: servicios pastorales*) (Church House Publishing, 2000)

Ninguno de nosotros ama todo el tiempo. Puede ser difícil seguir siendo cariñoso con nuestros seres más cercanos y queridos, y mucho más con nuestros enemigos o aquellos malhumorados y poco cooperativos que nos encontramos. Y lo más difícil de todo puede ser amarnos a nosotros mismos.

Pero así es como es. Somos seres humanos imperfectos. Somos obras en construcción. La culpa y el miedo no nos dejan amar; aprendemos a amar sólo al permitirnos ser amados.

Dios te acepta.

¿Puedes hacerlo tú?

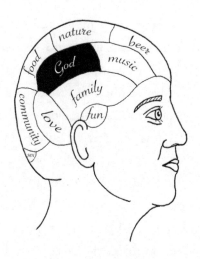

4. No se trata de reglas
Cómo pensar con el alma

*La gente de hoy en día no busca doctrinas o dogmas,
busca significado.*

- Michael Meegan

Mientras jugueteaba con mis pulgares esperando que
llegara una novia para su boda en San Lucas, charlaba
con Paul, un cantante que había sido contratado por la
feliz pareja para dar lo que resultó ser una interpretación
sensacional de la canción de Luther Vandross "Always and
Forever" ("Siempre y para siempre").

Cuando entró a la iglesia, Paul se enamoró de inmediato de la maravillosa pintura azul oscuro que colgaba detrás de la fuente. Después de mirar esto, continuó recorriendo con admiración todas las obras de arte de la iglesia. Al final terminamos teniendo una conversación amplia y fascinante sobre arte, la Iglesia, la teología y Dios, ¡todo antes de que llegara la novia!

Resultó que Paul había crecido yendo a la iglesia, pero había dejado todo eso atrás cinco años antes. Sin embargo, no fue Dios lo que dejaba atrás; de hecho, me confesó que en realidad se sintió mucho más cerca de Dios y más vivo espiritualmente después de dejar de ir a la iglesia. Y se sorprendió gratamente al escucharme decir que yo podía entender esto. "¡Ojalá te hubiera conocido hace diez años!" me respondió.

Pablo sintió que la Iglesia todavía lo trataba como a un niño incluso después de haber crecido. "Fue como si nunca me hubiera graduado de la escuela dominical", dijo. "Se esperaba que yo me tomara todo lo que me decían como un evangelio, sin dar lugar a ninguna duda. Lo cual está bien cuando eres un niño, pero cuando tienes veinte... veinticinco o treinta años..."

Para Paul, en la iglesia se trataba de estar en conformidad con todo. Así que cuando se cansó de tanta conformidad, se fue. Pero no dejó atrás su fe. Lejos de eso, esta simplemente evolucionó en una forma diferente.

Disfruté de la personalidad vivaz de Paul, de su espíritu cálido y de su sencilla espiritualidad, ¡sin mencionar su voz cantarina y suave como la seda! Incluso mientras hablábamos, lamenté de nuevo que las iglesias a menudo frustren, alienen y finalmente pierdan a algunas de sus mejores almas. Parece irónico y devastador que una organización cuya razón de ser es ayudar a las personas a crecer y madurar espiritualmente, a veces termine obstaculizando ese proceso, o simplemente acabe quedándose atrás como una irrelevancia.

Algunas de las personas más perceptivas espiritualmente que conozco no son feligreses habituales. Muchos, como Paul, han dejado de ir a la iglesia; otros nunca llegaron a acudir. Del mismo modo, hay feligreses fanáticos cuya espiritualidad es, francamente, atrofiada e infantil. Alguien me dijo recientemente: "No voy a la iglesia porque me siento como yendo de nuevo a la guardería espiritual". ¡Duras palabras! Pero es un sentimiento que muchos comparten.

El hecho es que ir a la iglesia no es lo mismo que ser espiritual; y salir de la iglesia no equivale automáticamente a abandonar la fe o la espiritualidad. Incluso mientras escribo, acabo de recibir un correo electrónico de una mujer en Sydney que dice: "Me desconecté de la religión para mantenerme conectada con Dios».

Ahora sí, por supuesto que hay muchos feligreses con una espiritualidad maravillosamente desarrollada, al igual que hay comunidades de iglesias donde se fomenta un enfoque abierto y crítico de la fe. Pero, lamentablemente, la religión y la espiritualidad no siempre van juntas. Y necesitamos entender por qué.

La investigación neurológica puede proporcionarnos una pista, con el descubrimiento de otra forma de inteligencia, identificada como „inteligencia espiritual": una capacidad que se ha demostrado que está conectada a nuestro cerebro, vinculada en parte a una masa de tejido neural ubicada en los lóbulos temporales del cerebro conocido como el „Punto de Dios". Esta es una masa neuronal que se dedica a hacernos preguntas fundamentales sobre el significado de nuestra existencia y a hacernos buscar respuestas fundamentales. La inteligencia espiritual no tiene una conexión necesaria con la religión y opera de manera bastante independiente de las creencias religiosas, aunque tiene una influencia enorme en cómo interpretamos nuestras creencias.

Por supuesto, todos conocemos la inteligencia lógica (CI), nuestra capacidad para procesar y aplicar el conocimiento de manera racional. Durante mucho tiempo, este fue el único tipo de inteligencia que se reconocía como importante o válida. Pero a mediados de la década de 1980 se reconocieron inteligencias múltiples, afirmando que, si bien una persona puede no tener una gran inteligencia lingüística, por ejemplo, puede poseer una enorme inteligencia musical o física.

Más tarde, en la década de 1990, Daniel Goleman cambió todo el paradigma de la inteligencia al popularizar la investigación neurológica que mostraba que la inteligencia emocional (EI) es de igual importancia que la inteligencia lógica. EI proporciona conciencia de los sentimientos de otras personas, así como de los nuestros. Permite la empatía, la compasión y la capacidad de responder al dolor o placer de otras personas. Nos permite „leer" personas y situaciones a nivel emocional. Y, a diferencia del coeficiente intelectual, que generalmente se piensa que permanece bastante estático a lo largo de nuestras vidas, el coeficiente emocional (EI) se puede cultivar y mejorar: hay formas de desarrollar nuestra inteligencia emocional.

Más tarde, hacia finales de la década de 1990, la investigación neurológica sugirió que el cerebro poseía una tercera inteligencia básica, que da acceso a tener un significado profundo, valores fundamentales y un sentido permanente de propósito en nuestras vidas. Danah Zohar e Ian Marshall, destacados expertos en este campo, identificaron esta inteligencia como IES, inteligencia espiritual.

La IES nos impulsa a explorar las grandes preguntas: ¿Por qué estoy aquí? ¿Cuál es el propósito de la vida? ¿Qué camino debo seguir? ¿Por qué hay algo en lugar de nada? La inteligencia espiritual tiene que ver con el panorama general; busca un sentido general del significado de la vida. IES es también una capacidad que se puede cultivar y nutrir. Podemos mejorar y hacer crecer nuestra inteligencia espiritual.

Para resumir, IES no tiene una conexión necesaria con la religión. Algunas personas canalizan su inteligencia espiritual a través de una tradición religiosa, otras no. Algunos ateos y humanistas pueden tener un IES muy alto, mientras que otros "creyentes" vociferantes pueden tener un IES muy bajo. La inteligencia espiritual tiene sus raíces en las estructuras del cerebro que nos dan la capacidad para formar creencias en primer lugar, además de significados, valores y propósitos. En ese sentido, es más fundamental que la religión. Como cristiano, diría que es parte de cómo somos creados a la imagen divina.

La inteligencia espiritual es pensar con el alma. El cuestionamiento de Paul, que tanto inquieta a la gente de su iglesia, no fue solo a nivel intelectual: salió de su alma. Anhelaba un significado más profundo y respuestas más profundas, y esto lo llevó a deconstruir su fe, no de manera negativa, o por una razón negativa, sino como parte de su viaje interior. Cuando hablamos, estaba claro que todavía tenía muchas de sus creencias originales, pero las vivía de una manera diferente. Había necesitado reconstruirlas dentro de un marco diferente y más amplio.

Muy legítimamente, las iglesias son lugares donde se enseñan y afirman creencias, pero también deben ser lugares donde se nutra la inteligencia espiritual. Esto significa crear un espacio donde las creencias se puedan cuestionar, dudar y explorar de manera abierta. No hay ningún problema con recitar credos como símbolos clásicos de la fe, siempre que también podamos interrogarnos sobre ellos, cuestionarlos y debatir sobre ellos, y tal vez escribir algunos nuevos que lidien con el significado de la fe en el siglo XXI, en lugar del que tenía ¡en el siglo cuarto!

La iglesia de Paul tenía un compromiso tenaz con ciertas creencias cristianas, pero una inteligencia espiritual muy poco desarrollada para procesar e interpretar esas creencias. Esto se convirtió en un obstáculo para Paul, quien simplemente se cansó y dejó la iglesia.

Paul es un clásico "mal cristiano": alguien con una IES bastante desarrollada, pero un umbral bajo de tolerancia a la basura religiosa; alguien con una brújula moral eficaz, pero impaciente con los códigos morales rígidos.

Según Danah Zohar, tanto CI como EI juegan esencialmente dentro de los límites, pero IES tiene una propensión a jugar con los límites. En otras palabras, es la inteligencia la que nos impulsa a criticar o cuestionar el status quo, permitiéndonos imaginar situaciones y posibilidades aún inexistentes, ¡que seguramente es lo que se supone que es la fe real!

Entonces, ¿cómo es pensar con el alma? ¿Qué es la inteligencia espiritual en la práctica? Sus cualidades incluyen:

Autoconciencia: tener una comprensión de lo que nos mueve, en términos de valores y motivaciones;

41

Principios: mantenerse fieles a nuestras convicciones y valores más profundos, incluso si eso significa oponerse a la multitud;

Espontaneidad: vivir el momento y responder a lo que cada momento presenta;

Empatía: la capacidad de identificarse con los demás y compartir sus sentimientos;

Humildad: tener un sentido mesurado de nuestro lugar en el esquema más amplio de las cosas;

Curiosidad: la motivación para explorar, especialmente los "¿por qué?";

Flexibilidad: la capacidad de alejarse de una situación o problema y ver el panorama general haciendo los reajustes necesarios;

Resiliencia: mantenerse positivo frente a la adversidad y ser capaz de aprender y crecer con los errores y los reveses de la vida;

Estar centrado o conectado a tierra: tener un sentido de orientación y propósito;

Receptividad: permanecer abierto acogiendo la diversidad y la diferencia.

Cultivar tales cualidades requiere, en primer lugar, un compromiso con el viaje interior, una voluntad de penetrar nuestras propias fachadas y pretensiones para descubrir más plenamente quiénes somos y quiénes queremos ser. Esto puede ser gozoso y desafiante a medida que descubrimos nuestras fortalezas y vulnerabilidades, nuestras potencialidades y roturas, nuestras aspiraciones más elevadas y nuestras motivaciones más profundas. Una mayor conciencia de uno mismo es fundamental para el viaje espiritual. Para mí, el Eneagrama, un sistema de comprensión de los diferentes tipos de personalidad, es una herramienta invaluable para la auto-comprensión y contribuye enormemente a mi propia búsqueda de una mayor inteligencia espiritual. Más sobre esto a continuación.

Una segunda clave para fomentar la IES es el desarrollo de prácticas espirituales. Una práctica espiritual es solo un recurso para ayudarnos a ser más abiertos y estar más atentos:

A nosotros mismos – *A lo que estamos sintiendo pero estamos tratando de ignorar; a los pensamientos que estamos empujando al fondo de nuestra mente pero que deberíamos escuchar; a lo que nuestro cuerpo nos dice cuando lo estamos obligando a continuar;*

A otras personas – *a seres queridos cuyas preocupaciones y alegrías tendemos a pasar por alto; a extraños que nos son invisibles pero que podrían requerir nuestra atención;*

A situaciones – *a circunstancias en nuestra vida que pueden estar diciéndonos cosas importantes sobre nosotros mismos;*

Al mundo en general – a cosas pequeñas o grandes, cosas bellas, detalles que se nos pasan por alto y que podrían enriquecernos;
A Dios – que está presente en todas estas otras formas, buscando guiarnos y enriquecernos.

Se puede encontrar una lista de prácticas sugeridas en el Apéndice 1, que incluye, por ejemplo, la práctica cuáquera de pasar un tiempo en silencio con regularidad, tal vez solo siendo conscientes de nuestra respiración; centrándonos en la oración, o usando una simple oración repetitiva para estar más arraigados en la paz del Espíritu de Dios o dar un paseo diario para hablar con Dios.

En tercer lugar, cultivamos la inteligencia espiritual dentro de comunidades de almas afines. A veces, como Paul, tenemos que marcharnos de una iglesia para crecer, ¡o simplemente para mantener la cordura! Pero, en última instancia, necesitamos hacer el viaje con otras personas: con amigos que nos reafirmen pero que también nos hablen con sinceridad, y con un grupo más amplio donde encontremos estímulo y empoderamiento.

Podemos encontrar este sentido de fraternidad espiritual en una reunión informal pero regular de amigos, tal vez durante una comida, o en un grupo como Holy Joes, diseñado para brindar un espacio para la interacción significativa, o incluso en una iglesia regular.

Ninguna iglesia es perfecta, pero hay muchas que dejan espacio para que las personas cuestionen, duden y descubran su propio camino. Lucía es un buen ejemplo de alguien que regresó a la iglesia después de algunos años de estar fuera y descubrió una comunidad donde su vida espiritual floreció:

No sería exagerado decir que volver a relacionarme con una comunidad cristiana como la de San Lucas ha sacudido mi vida hasta la médula. He aprendido lo que se siente al ser parte de un grupo de personas cuyo centro es el amor de Dios, donde puedo compartir y explorar mi fe con los demás, pero que, fundamentalmente, respeta y valora a cada miembro. Llegué como alguien que sintió que había cometido muchos errores en su vida, pero allí me enseñaron a dejar todo eso atrás y a vivir en el presente. No para ignorar las cosas que me decía mi conciencia, ni permitirme el lujo de ignorar las cosas que me hacían sufrir, sino para que fuesen finalmente aceptadas como parte de quien soy. Aprendí a leer la Biblia, no como un «libro de reglas» sobre cómo vivir la vida, sino como un lugar, entre muchos otros, al que acudir en busca de huellas de la sabiduría de Dios, del coraje de Jesús, de su humildad y de su amor. Una noche, compartiendo una comida con otras personas que estaban allí como yo, para hablar de sus experiencias de fe, entendí lo que significaba compartir del pan de la Comunión bajo una luz completamente nueva. Se trataba de amistad, calidez e inclusión.

La religión y la inteligencia espiritual deberían ir juntas, pero con demasiada frecuencia no es así. La inteligencia espiritual permite a las personas ser creativas, explorar nuevas posibilidades, cambiar las reglas y alterar situaciones, mientras que la religión se asocia frecuentemente con un statu quo rígido, con formalidad, estrechez de miras y tradicionalismo.

Sin embargo, el abismo entre los dos no tiene por qué existir, como demostró el propio Jesús. Él era un judío verdaderamente fiel, pero interpretó y practicó su judaísmo con una gran inteligencia espiritual. Esto lo situó constantemente en la lista negra de un establecimiento religioso rígido y no espiritual: cuando se centró en el espíritu de la ley en lugar de en una obediencia literal a la misma; cuando antepuso las necesidades de la gente a las reglas; cuando ignoró los límites convencionales por amor o cuando desafió una irreflexiva conformidad y liberó a la gente de la culpa falsa.

Soy un mal cristiano. A menudo lucho con la subcultura de la iglesia y, a veces, me encuentro más a gusto entre los "paganos" honestos. Pero nunca me he equivocado en mi apasionado amor por la figura de Jesús. Él, más que nadie, encarna la energía espiritual y la inteligencia que tanto admiro y ambiciono.

Jesús dijo: "De cierto os digo que el que no reciba el reino de Dios como un niño, nunca entrará en él".[5] La inteligencia espiritual no es ser lo suficientemente inteligente para poder responder a preguntas difíciles; sino estar lo suficientemente abierto para ver la vida y a los demás en cada momento a través de los ojos de un niño. Requiere que dejemos de refugiarnos en lo que creemos saber para explorar y aprender constantemente de lo que no sabemos. Requiere que abandonemos la adicción a la certeza y aprendamos a apreciar la virtud de las preguntas. Con gran inteligencia espiritual, el poeta Rainer Maria Rilke nos aconseja acoger y aprender a amar las cuestiones difíciles de la vida, tratándolas como habitaciones cerradas a las que no podemos entrar, o como libros escritos en un idioma que no podemos entender.

No vayas persiguiendo respuestas que no están disponibles para ti ahora, dice, sino más bien, "Vive las preguntas ahora".[6] Entonces, gradualmente, podemos aprender a vivir nuestro camino hacia las respuestas. Y esto, sin duda, es lo que importa: vivir nuestro camino hacia las respuestas a los grandes dilemas de la vida, en lugar de simplemente tratar de poseer las respuestas como trofeos de nuestro gran intelecto.

[5] Marcos 10:15.

[6] Citado de Danah Zohar e Ian Marshall, *Connecting with our Spiritual Intelligence (Conectando con nuestra inteligencia espiritual)* (Bloomsbury, 2000)

5. ¡Despierta! ¡Despierta!

Cómo asegurarse de vivir antes de morir

No quiero terminar simplemente habiendo visitado este mundo.

\- Mary Oliver

Fue una de las experiencias de conversión más dramáticas que he visto: una transformación completa. Sin embargo, no tuvo nada que ver con la iglesia o la religión. ¡Jesús ni siquiera recibió una mención!

Tuvo lugar en la sala de arriba de un pub donde estaba

dirigiendo un taller sobre el Eneagrama.[7] Solo un par de personas del grupo sabían que yo era sacerdote. Muy pocos de los presentes tenían conexiones religiosas que yo conociera.

El taller se dividió en dos fines de semana consecutivos. Comenzamos con las presentaciones de cada uno de nosotros. Rebanando a través de las lindezas de tal ocasión, Susan, una mujer atractiva y entusiasta, anunció de forma impactante: "Cuando entro en una habitación llena de gente, lo primero que hago es mirar a mi alrededor y decidir con qué hombres estaría dispuesta a irme a la cama".

Bueno, ¡eso definitivamente llamó la atención de todos!

La mujer sentada a mi lado murmuró: "Maldita golfa". La mayoría de los hombres en la habitación parecían avergonzados, probablemente preguntándose si tenían una oportunidad.

A lo largo de los dos fines de semana, las personas se dedicaron a reflexionar sobre a su tipo de personalidad particular. Algunos se tomaron su tiempo para entrar en el proceso, otros fueron más rápidos. Susan se lanzó de cabeza.

Al final del segundo fin de semana, hubo comentarios sobre lo que todos habían aprendido. Susan se derrumbó y dijo que esta había sido la experiencia más desafiante de su vida. "La impresión que di en la primera sesión fue

---

[7] El Eneagrama es un sistema poderoso para identificar diferentes tipos de personalidad y comprender por qué hacemos las cosas que hacemos. Para obtener más información sobre el Eneagrama, visita www. davetomlinson.co.uk.

probablemente engañosa", afirmó. "Es cierto, me he acostado con muchos hombres en mi vida. Pero, ya sabes, nunca me gustó ninguno de ellos. En realidad, apenas podía soportar que la mayoría de ellos me besaran. Lo que realmente quería era intimidad. ¡Pero había muy poco de eso! Después de cada ocasión me sentía sola, vacía y disgustada... principalmente conmigo misma".

Con la pintura de los ojos corrida, habló de volver a casa a una vida diferente. "Tengo muchas ganas de empezar a respetarme a mí misma", dijo. "Tal vez incluso aprender a gustarme un poco. La única forma en que puedo describir lo que sucedió la semana pasada es que he despertado. Es como si hubiera estado caminando sonámbula toda mi vida. Y ahora, de repente, estoy completamente despierta... como si hubiera nacido de nuevo... si eso no suena muy raro".

El taller no iba sobre religión, pero fue profundamente religioso. No se habló de Dios ni de Cristo, pero el Espíritu Santo lo impregnaba todo. Una conversión muy real tuvo lugar ante nuestros ojos, cuando Susan despertó a una nueva comprensión de quién era y quién podría ser. Fuimos testigos de un nuevo nacimiento.

¡No había un ojo seco en toda la sala!

Estar dormidos por dentro es algo que todos hacemos cuando la vida parece aburrida, dolorosa, o demasiado exigente; o cuando no nos gusta la persona con la que estamos, o cuando estamos ansiosos y preocupados, o simplemente desearíamos estar en algún otro lugar. Desconectamos, desaparecemos por dentro, quizás nos adormecemos frente a una pantalla de televisión o de un ordenador, tomamos una copa, fantaseamos con el futuro, hablamos o pensamos de forma romántica sobre el pasado y nos perdemos el momento presente.

Sin embargo, eso es la vida: momentos. Y como muestra la historia de Susan, es posible andar dormidos durante muchos momentos, años y años de ellos. Por eso necesitamos llamadas de atención periódicas que digan: "¡Esta es tu vida! ¡Despierta! ¡Deja de dormir!" Tal vez un susto de salud hace sonar la alarma, un accidente, un casi accidente, la muerte de un ser querido, una crisis financiera o alguna otra sacudida aleatoria de las circunstancias. Incluso puede ser a través de un proceso deliberado de autorreflexión, como el de Susan.

Lo esencial es despertar, ¡para asegurarnos de vivir antes de morir!

Jesús trataba de eso, de despertar a la gente. "Vine para que tengan vida y la tengan en abundancia", dijo.[8] Que es otra forma de decir: "Vine a despertar a la gente, a salvarla del sopor y el adormecimiento de su existencia".

A lo largo de su ministerio, Jesús constantemente chasqueaba los dedos frente a las personas, sacándolas del letargo y alertándolas sobre nuevas posibilidades para ellos mismos, para la comunidad en general y para el mundo.

[8] Juan 10:10

Con una nueva visión de la realidad que llamó el reino de Dios, demostró que las cosas no tienen por qué ser como son; que un camino diferente está disponible para aquellos que están preparados para despertar a él.

El mensaje central de Cristo fue el amor de Dios. Llevó a la gente común, oprimida por gobernantes despiadados, la medida de su amor. Cada persona que Jesús tocaba supo, quizás por primera vez, que su vida importaba; que eran amados y apreciados. En todas las relaciones que destruían su alma, esto es lo que Susan estaba buscando y también lo que todos anhelamos, pero estaba buscando en los lugares equivocados.

Conocer ese amor lo cambia todo. Desde esta base podemos aprender a respetar y a valorar nuestra vida, a valorar cada momento, cada experiencia, ya sea este alegre o desafiante, porque toda nuestra existencia importa y merece ser vivida y no atravesarla dormidos.

El escritor y teólogo estadounidense Frederick Buechner expresa esto magníficamente cuando dice: "Escuche su vida. Vea el misterio insondable que es. En el aburrimiento y en el dolor tanto como en la emoción y en la alegría: tocar, tastar y oler el camino hacia el nuestro corazón oculto y sagrado, porque al final todos los momentos son momentos clave y toda la vida es gracia". [9]

[9] Frederick Buechner, *Now and Then: A Memoir of Vocation*, *(Ahora y Entonces, Una Memoria sobre la Vocación)* (HarperSanFrancisco, 1991).

Lo que Buechner describe es un estado de vigilia: de darnos cuenta de que nuestra vida es preciosa en todos sus detalles, incluso en sus partes más dolorosas y difíciles. Cada momento es un momento clave. Cuando vivimos así, en el momento, nos estamos acercando al reino de Dios.

Cuando Jesús proclamó el reino de Dios, no estaba promoviendo una institución religiosa o una teoría teológica; estaba hablando de una condición, un estado de estar despierto a Dios y a todas las posibilidades que se nos abren al estar despiertos a Dios. El reino de Dios es un estado de vigilia profunda; despertar completamente o experimentar incluso una gota de vida plenamente, es abrirse al reino de Dios. Podríamos decir, dando un giro a las palabras de San Juan, que "Dios es vigilia eterna, y quien vive en vigilia vive en Dios y Dios vive en ellos".

Estar despierto significa estar abierto y receptivo a todo lo que ofrece la vida. Para lograrlo, Jesús dice que debemos convertirnos en niños pequeños que, en su asombro demuestran perfectamente lo que es acoger al mundo con alegría y con los ojos abiertos. Un niño no intenta anticipar el futuro ni se pone ansioso por lo que pueda ser; un niño está ahí, en el momento, se siente vivo y receptivo a las circunstancias, a las personas, a todas las posibilidades. Experimentar esta apertura infantil es experimentar el reino de los cielos, dice Jesús.

Pero las heridas y las desilusiones de la vida a menudo nos hacen cerrarnos, cerrar las escotillas a más dolor o más tristeza, volvernos cautelosos y suspicaces, menos receptivos. Y algo dentro de nosotros se contrae. Nuestra energía espiritual disminuye. Cualquier sentido de misterio o asombro se encoge. Quizás nos sintamos más seguros, pero morimos un poco en el proceso. Y nos volvemos espiritualmente perezosos, somnolientos a la aventura que es la vida.

Cuando la vida trae una dificultad - una relación rota, una enfermedad, un despido, una decepción, una larga cola - la tentación es quedarse dormido, volverse perezoso por dentro, ignorar las dificultades y dejar de vivir. Pero la vida está para ser vivida: la vida abundante que Jesús prometió.

Mi amigo Nick sabía que se estaba muriendo de cáncer. Pero en lugar de encerrarse y lloriquear sintiéndose abatido esperando su partida, decidió vivir. Y creó un sitio web llamado "Riendo con cáncer"[10] para expresar que la enfermedad que causa estragos en tantas vidas puede también contener un regalo oculto que puede dar sentido y propósito a esas vidas.

Nick murió el 26 de octubre de 2010, pero como dice Julia en su blog en el sitio web, Nick nunca esperó que "Riendo con cáncer" curara su enfermedad. El propósito de crear el sitio era estar lo más vivo y presente posible durante el tiempo que le quedase, tuviera o no una cura. Y

[10] www.laughingwithcancer.com- asegúrate de revisar el blog.

funcionó. Nick nunca perdió la esencia de la vida; él nunca se empañaba por dentro.

La vigilia es lo que los budistas llaman atención plena, un estado de alerta hacia los detalles más pequeños y ordinarios de la vida. Jesús da una idea deliciosa de la vigilia divina o la atención plena cuando dice que ni siquiera un gorrión cae al suelo sin que Dios se dé cuenta. Este es un poderoso recordatorio de la atención de Dios a los detalles de nuestras vidas también: "hasta los cabellos de tu cabeza están todos contados. Así que no temas".[11]

El enfoque cristiano de la atención plena se resume en la práctica de la gratitud. "Den gracias a Dios Padre en todo momento y por todo"[12], dice San Pablo. Martin Luther King Jr describió la gratitud como la actitud cristiana básica. En otras palabras, quien experimenta el agradecimiento está practicando el valor central del cristianismo. El místico y teólogo del siglo XIII, Meister Eckhart, dijo que si la única oración que dices en toda tu vida es "gracias", será suficiente.

Hay dos formas de estar agradecido. La primera es el agradecimiento como emoción espontánea. Esto es lo que sucede cuando algo bueno se nos presenta y nos sentimos abrumados por la gratitud, o en esas ocasiones en las que no nos sentimos limitados y simplemente sentimos un aumento de la gratitud por la vida misma. Os daré un ejemplo.

[11] Mateo 10:30.
[12] Efesios 5:20.

¡Despierta! ¡Despierta!

En un día fresco pero hermosamente brillante a principios de la primavera, mi esposa Pat y yo estábamos sentados en un banco afuera de la cabaña que habíamos alquilado en una escapada en Yorkshire. La casa estaba sola en un valle desierto sin electricidad, sin antena parabólica y sin WiFi. Mientras contemplaba el apacible paisaje con una taza de café en la mano, escuchando la llamada de dos buitres resonando en el valle, sentí una gran oleada de gratitud. Entonces sucedió. Unos tres metros frente a nosotros, un animalito caminaba por el muro de piedra seca. Era una comadreja, presumiblemente una hembra, ya que llevaba una pequeña comadreja bebé que coleaba en su boca. Después de unos momentos, el animal corrió por la pared sin la cría. Y luego, para nuestro deleite, apareció de nuevo con otra de su prole. Durante un período de quince minutos, vimos a esta maravillosa criatura transportar a toda su camada, presumiblemente a un lugar más seguro para anidar.

Ver el cuidado, la paciencia y la energía de todo el evento me hizo pensar en las palabras de Jesús: "Jerusalén... cuántas veces he deseado reunir a tus hijos como la gallina junta sus polluelos debajo de sus alas".[13] Bien podría haber dicho: "Cuántas veces he deseado reunir a tus hijos como una comadreja junta a sus crías en un nido cálido y seguro". Y me sentí agradecido, privilegiado y mucho más vivo por haber estado presente ese día, el día en el que las comadrejas se mudaron de casa.

[13] Mateo 23.37.

La segunda forma de estar agradecido es el agradecimiento como práctica. Una práctica es una forma de vivir o de ser, nacida del hábito. No es espontáneo, sino deliberado y persistente; algo que decidimos cultivar. Con el tiempo, el hábito se convierte en una práctica que da forma a nuestra vida y a nuestro carácter. Las personas agradecidas son personas conscientes, despiertas al misterio de la existencia, atentas a los demás, vivas en el momento.

La mesa del comedor de nuestra vicaría ha vivido momentos extraordinariamente felices. No puedo pensar en un placer más grande que comer, beber, reír y contar historias con invitados encantadores, y tenemos muchos invitados muy encantadores.

Pero a menudo, cuando estamos en casa con nuestra hija Jeni, su esposo Paul y nuestro nieto Jude, comiendo una cena normal en la cocina, Jeni de repente anuncia: "¿Sabes qué? No puede haber nada mejor que esto. ! " Todos sonreímos y, a veces, decimos cordialmente "¡Amén, hermana!" Es una práctica sencilla y divertida, pero profunda, que nos ayuda a todos a mantenernos vivos ante las maravillas de la vida cotidiana en la vicaría.

La celebración cristiana de la Eucaristía expresa esencialmente una conciencia agradecida: la palabra "Eucaristía" significa agradecimiento o gratitud. De modo que el ritual central del cristianismo es una fiesta de gratitud.

A primera vista, puede parecer absurdo hablar de "fiesta".

¿Qué tipo de celebración presume de una pizca de pan y un sorbo de vino? Pero ese es el tema. En un mundo donde comidas enteras se consumen de forma inconsciente, hay algo poderoso y evocador en enfocar la atención, con gratitud, en un pequeño bocado. Muchos en el mundo tienen hambre. Cuando recibo la Comunión sé que soy afortunado y siento compasión por todos aquellos que no tienen pan y no tienen amigos ni familiares. Solo por esto, la participación regular en la Eucaristía sirve como una práctica importante de conciencia agradecida.

Sin embargo, para los cristianos, la Eucaristía habla de mucho más que eso. Es una celebración de la generosidad divina en la que nos regocijamos con el amor que da la bienvenida a todos, incondicionalmente y sin excepción. Cuando invito a la gente a recibir la Comunión, declaro que esta es la mesa de Cristo, donde todos son bienvenidos y nadie es rechazado. Por eso afirmamos la aceptación sin límites de Dios ofreciendo pan y vino a todos los presentes; sin hacer preguntas ni poner condiciones.

Pero la Eucaristía también nos recuerda que el amor tiene un precio. El punto focal del culto cristiano se centra en la ejecución brutal de una víctima inocente, que demuestra, incluso en la muerte, el poder redentor del amor.

No se evita el dolor en la celebración eucarística, no se esquiva la oscuridad del mundo ni se niega la fealdad humana. Existe un reconocimiento genuino de que la vida puede ser una basura. Pero al final el amor, la misericordia y la belleza triunfan.

Me encanta la historia de Victor Frankl, el psicoterapeuta judío que fue encarcelado por los nazis en un campo de concentración y sobrevivió para escribir sobre sus experiencias. Cuenta que una tarde estando en uno de los campamentos, los hombres acababan de regresar de su lugar de trabajo a varios kilómetros de distancia y yacían exhaustos, enfermos y hambrientos en sus barracones. Era invierno y habían marchado bajo una lluvia fría y desalentadora. De repente, uno de los hombres irrumpió en el cuartel y gritó a los demás que salieran. De mala gana, pero sintiendo la urgencia en la voz del hombre, se movieron y entraron tambaleándose en el patio. La lluvia había cesado y un poco de luz solar se filtraba bajo las nubes plomizas y grumosas. Esta se reflejaba en los pequeños charcos de agua que había sobre el suelo de cemento del patio. „Nos quedamos allí", dijo Frankl, „maravillándonos de la bondad de la creación. Estábamos cansados y enfermos, teníamos frío y nos moríamos de hambre, habíamos perdido a nuestros seres queridos y ya no esperábamos volver a verlos, pero allí estábamos, sintiendo una reverencia tan antigua y formidable como el mismo mundo! "

Cada día, cada momento, nos enfrentamos a la elección entre la vida y la muerte. Victor Frankl y sus compañeros eligieron la vida, a pesar de estar rodeados del hedor de la muerte. En lugar de caminar sonámbulos a través de una situación devastadora y desagradable, encontraron en ella una fuente de alegría y belleza que mantuvo vivo su espíritu.

Henry David Thoureau dijo una vez: "Quería vivir profundamente y chupar toda la médula de la vida... y no descubrir, cuando llegara a morir, que no había vivido".

¿Vida o muerte? La decisión es tuya.

6. Deshacerse de la culpabilidad
Cómo perdonarse a uno mismo y seguir adelante

No es lo que eres o lo que has sido lo que Dios mira con sus ojos misericordiosos, sino lo que deseas ser.

- de The Cloud of Unknowing (La Nube del
Desconocimiento)

Eran las rebajas de enero en la tienda de música HMV en el centro de Londres, y yo estaba en una larga cola esperando para pagar un puñado de CD que había elegido. Debería haber llegado a casa hace ya mucho rato. Pero la tediosa reunión del clero a la que había asistido esa tarde se había prolongado un poco. Y luego la tienda de discos acabó absorbiéndome misteriosamente.

Mientras movía nerviosamente mi teléfono para enviarle un mensaje de texto a Pat y decirle que llegaría tarde, un hombre de seguridad se acercó a mí y me preguntó, de forma inquietante, si podía tener una palabra conmigo. Salí de la cola. Luego, torpemente, me dijo: "Disculpe, padre". (Vaya, todavía llevaba puesto el alzacuello) "Lo siento, sé que está comprando, pero quería hablar con un sacerdote desde hace un tiempo... y luego le vi parado allí. Realmente no soy muy religioso, pero... me pregunto si le importaría. "Durante los siguientes quince minutos, Frank me contó algo que había hecho varios años antes, que había tenido graves consecuencias para otra persona y que le había dejado con una montaña de culpa. Era un confesionario extraño, rodeado por la bulliciosa multitud de compradores de HMV, pero allí mismo, en medio de la tienda, tomé las manos de Frank, lo miré directamente a los ojos y le dije. "Frank, Dios te perdona. Perdónate. Ve en paz." · Era un tipo grande pero lloraba mientras yo le hablaba. Luego, después de una breve pausa, una gran sonrisa se dibujó en su rostro.

Nunca volvimos a vernos.

Frank se había equivocado. Él lo sabía. Y durante nuestra conversación le dije lo que él ya sabía: que necesitaba encontrar a la persona a la que había herido y tratar de enmendarlo.

Al no lidiar con la situación, permitió que el sentimiento de culpa se convirtiera en una voz acusadora dentro de su cabeza, que constantemente le decía que era una mala persona. Pero él no era una mala persona. Había hecho algo mal que necesitaba abordar, pero eso no lo convertía en una mala persona.

Espero que nuestro breve encuentro le permitiese a Frank cambiar sus sentimientos de culpa por la determinación de solucionar (o al menos intentar solucionar) el daño que había causado, y luego seguir adelante.

Todos nos sentimos culpables a veces. Cualesquiera que sean nuestras normas morales, no las cumplimos, quizás la mayor parte del tiempo. Entonces experimentamos culpa. En sí mismo, esto no es malo. La culpa es el aguijón de la conciencia, la punzada que nos llama la atención y nos dice que algo no está bien. Sin ella, nuestras vidas y relaciones personales, y la sociedad en general, se hundirían en el caos. El psicópata no siente culpa ni remordimiento, no tiene aparentemente una brújula moral. Pero el resto de nosotros luchamos con nuestra conciencia y con la culpa periódicamente, mientras vamos negociando nuestro camino a través de los dilemas morales de la vida.

Pero hay un problema con esto, un error en el sistema que da a la conciencia un ancho variable. Algunos de nosotros nos sentimos culpables con mucha facilidad; otros parecen escapar más o menos impunes la mayor parte del tiempo.

La conciencia les dice a diferentes personas cosas diferentes. ¿Por qué es esto?

Sin duda, parte de ello se debe a nuestras diferentes personalidades y percepciones. Pero la conciencia no es una entidad fija. Si bien existen muchas teorías sobre su funcionamiento, está claro que el desarrollo primario de la conciencia sucede en la niñez, donde numerosas voces contribuyen a su sensibilidad: padres, familia, maestros de escuela, actitudes sociales, religión, etc. Es como un software complicado que se puede programar de diferentes formas. Parte de crecer y descubrir nuestra individualidad implica cuestionar estos "inputs", modificar nuestra conciencia y hacer juicios morales independientes.

Pero esto puede ser un desafío, especialmente en lo que respecta a la religión, porque muchos perciben que la religión contiene la voluntad y la palabra de Dios sobre cuestiones morales, que deben obedecer a toda costa. Y esto puede llevar a dilemas agonizantes.

Tomemos a Brenda, por ejemplo, quien, seis años después de su divorcio, todavía luchaba por formar una nueva relación, porque no podía exorcizar la voz de su cabeza que le decía que estaría cometiendo adulterio. O el hombre de veintitrés años que había crecido en una iglesia conservadora, que estaba siendo torturado con la culpa de haberse masturbado (a pesar de que le dije que el 99 por ciento de los hombres se masturban y el otro 1 por ciento

66

son mentirosos). O la mujer severamente discapacitada por la esclerosis múltiple que admitió, con vergüenza, que debido a su sufrimiento había considerado terminar con su vida, pero que temía aterrizar en el infierno como resultado de ello.

Tales historias me enfurecen. Como alguien que cree en un Dios amoroso y que defiende la religión como una cura para las aflicciones del alma, me enfurece cuando la llamada "fe" multiplica los problemas de las personas en lugar de resolverlos, o cuando Dios se presenta como alguien tirano, castigador y mezquino. A lo largo de los años, he pasado más tiempo trabajando para liberar a las personas de la culpa falsa inducida por la religión y de las imágenes horribles de un Dios enjuiciador, que con cualquier otra cosa.

La parábola de Jesús del hijo pródigo es un gran antídoto a la imagen de un Dios que juzga, presentando en su lugar la imagen maravillosa de una figura paternal amorosa, llena de gracia y compasión.

Es la historia de un joven que tiene hambre de probar todo lo que la vida tiene que ofrecerle, ¡y lo quiere tener ahora! De modo que persuade a su padre para que le entregue su parte de la herencia familiar de inmediato y este la malgasta en una "vida desenfrenada" en un país lejano. Finalmente, cuando todo el dinero se le acaba y con su vida hecha añicos, el joven desesperado decide regresar a casa y enfrentarse a su padre, de cuya generosidad ha abusado.

Cuando regresa a casa, desnudo y hambriento, su padre, que había anhelado su regreso, hace a un lado las palabras de arrepentimiento bien ensayadas de su hijo y pide inmediatamente ropa nueva y un anillo para su dedo. Luego organiza una fiesta para celebrar el regreso de su hijo, sin sentimientos de culpa, sin llamadas a disculpas humillantes, sin rapapolvos vergonzosos. El hijo pródigo no necesitaba el perdón de su padre. Eso era un trato hecho hace mucho tiempo. Solo necesitaba volver a casa.

Creo que el mensaje fundamental del cristianismo, bellamente expuesto en esta historia, no es que somos pecadores que nos hemos equivocado, sino que somos amados por Dios sin medida y que nada de lo que hagamos hará que perdamos ese amor. Dios no espera la perfección de nosotros; no hay necesidad de humillarse y pedir perdón cuando fallamos. Incluso en nuestras meteduras de pata más monumentales, todo lo que se requiere es que regresemos a casa hacia el amor purificador y restaurador de Dios.

Muchas personas que conozco sienten que nunca podrían llamarse cristianos porque no son lo suficientemente buenos, porque se han equivocado de alguna manera o simplemente se sienten indignos. Pero el cristianismo no trata de ser bueno. Todos nos equivocamos. Sino que trata de un Dios que siempre nos acoge y nunca nos condena.

¿No es esto demasiado bueno para ser verdad? ¿No tenemos que hacer algo, arrepentirnos o lo que sea, para que Dios nos reciba y nos perdone? ¡Absolutamente no! Con Dios, el amor es incondicional; el perdón es unilateral. Como el hijo pródigo, somos perdonados desde el momento en que nos descarrilamos, mucho antes de que decidamos volver a casa.

Por supuesto, para disfrutar de este amor radical de Dios, necesitamos verlo, realizarlo, permitir que se haga realidad internalizándolo; de lo contrario, el sentimiento de culpa continúa. Pero una vez que creas que el amor de Dios es verdadero, acepta que eres amado por Dios, cambiará tu vida, te lo prometo. Podrás deshacerte de la culpa, dejar de preocuparte por si eres lo suficientemente bueno y disfrutar de una nueva libertad y confianza.

Aquí es donde entra el arrepentimiento. Arrepentirse significa literalmente "ir más allá de la mente que tienes ahora" - ampliar el alcance de lo que creemos que es posible. Me gusta pensar en el arrepentimiento como una forma de despertar: despertar a una nueva realidad, darme cuenta de que las cosas no tienen que ser tal como eran. Tu vida puede ser diferente, puede ser remodelada. Pero para que esto suceda, necesitas deshacerte de la culpa descubriendo el amor incondicional de Dios. Dios no crea la culpa; Dios perdona.

Finalmente, ¿cómo se hace todo esto en la práctica? ¿Cómo nos deshacemos de los sentimientos de culpa cuando, como Frank, sabemos que nos hemos equivocado?

Estos son mis consejos para deshacernos de la culpa:

1. Identifica exactamente qué es lo que te hace sentir mal

Los sentimientos generales de culpa son inútiles y no deben tolerarse. Rápidamente merman nuestra confianza y minan nuestra autoestima. Es importante hacer frente a nuestra culpa, quizás con la ayuda de un amigo que nos ayude a identificar la causa. Aprender a ser específico sobre la culpa es el punto de partida para deshacernos de ella.[14]

2. Acepta la responsabilidad de tus acciones

El elemento clave en la resolución de la culpa es la aceptación de la responsabilidad. Todo lo demás fluye de esto. Así es como empezamos a sentirnos perdonados. No se espera que seamos impecables, pero debemos aceptar la responsabilidad. Perfeccionismo moral, no; responsabilidad moral, sí.

Una forma importante de aceptar la responsabilidad moral es a través de la confesión, admitiendo ante nosotros mismos, en primer lugar y como cosa más importante, que estábamos equivocados. Puede que el padre del hijo pródigo no haya necesitado escuchar la confesión de su hijo, pero el hijo pródigo sí necesitaba oírla: "¡Yo hice esto! ¡La cagué!"

Sin embargo, a menudo es muy útil admitir nuestra falta en presencia de otro. Es por eso que el confesionario siempre

---

[14] Si persisten los sentimientos generales de culpa y vergüenza, esto puede ser un signo de depresión, por lo que es importante buscar ayuda de un médico o de un consejero.

ha sido popular en la espiritualidad católica. Y también por eso solemos confesarnos con un amigo o con un terapeuta. E incluso, en un momento de locura, nos confesamos a un sacerdote al azar en medio de una tienda de discos. Confesarse es bueno para el alma. Así es como aceptamos la responsabilidad de nuestras acciones y despejamos el camino para seguir adelante. Solo imagina las lágrimas y la gran sonrisa en el rostro de Frank, y sabrás a qué me refiero.

Por supuesto, asumir la responsabilidad también requerirá admitir nuestra culpa ante la persona a la que hemos agraviado. Esto debe ser directo, sincero y sin auto-justificación. Utilizar el tono correcto también es esencial: tomarlo a la ligera trivializa el problema; humillarse desvaloriza la experiencia.

3. Repara el daño donde sea necesario

A veces, las acciones hablan más que las palabras. Puede ser obvio lo que se debe hacer o puede requerir algo de imaginación. Pero debe ser apropiado y proporcionado al nivel del daño o la ofensa causados. La restitución excesiva puede ser vergonzosa e incómoda. ¡Asegúrate de no descargar tu culpa sobre la otra persona!

Y a veces, una vez que hemos hecho las paces, lo más amable es evitar estar cara a cara con esa persona, incluso la mejor de las disculpas no necesariamente trae consigo la reconciliación.

4. Recibe el perdón de Dios, perdónate a ti mismo, luego sigue adelante

A veces, la parte más difícil radica en perdonarnos a nosotros mismos. Puede haber muchas razones para esto: tal vez nos sintamos avergonzados por nuestro comportamiento o por cómo otras personas todavía lo ven; quizás somos conscientes del dolor continuo que le causamos a otra persona; tal vez sintamos que debemos ser castigados más duramente.

Quizás estemos cometiendo el error de equiparar perdonar con olvidar o tolerar. Entonces pensamos que perdonarnos a nosotros mismos es una forma de excusar lo que hemos hecho. Pero esto no es cierto. Negarnos a perdonarnos a nosotros mismos es en realidad un rechazo a vivir plenamente, porque es imposible vivir plenamente en el momento cuando somos asediados por sentimientos de culpa. También es una amenaza potencial para nuestro bienestar mental, físico y espiritual. La falta de perdón de cualquier tipo requiere mucha energía; estamos constantemente destrozados. Esta energía merece ser utilizada mejor, para que nuestra creatividad, habilidades y relaciones se alimenten, no nuestra negatividad.

Tanta gente parece cargar con tanta culpa. Es por eso que, la mayoría de los domingos en nuestros servicios en la congregación de San Lucas, incluyo algunas palabras de absolución, usualmente: "Por todas las veces en las que has fallado en cumplir con las mejores expectativas de ti mismo:

Dios te perdona. Perdónate. Perdona a los demás".

La gente me dice constantemente lo importantes que son estas palabras para ellos. Pero el verdadero mensaje de este capítulo es que abriéndonos al amor de Dios podemos interiorizar las palabras de perdón y hacerlas un regalo para nosotros todos los días.

Un último punto: a veces no podemos resolver una situación de daño o irregularidad con otra persona porque está muerta. Pero aun así puede ser útil expresar nuestra disculpa a esa persona, quizás en presencia de otra persona. He llevado a muchas personas a hacer esto a lo largo de los años, a veces con un efecto notable.

Recientemente me reuní con Sara y su familia para hablar sobre el funeral de su padre. Mientras estaba sentado en su sala de estar con sus dos hermanas y su hermano, sentí que el dolor de Sara tenía una carga adicional. En un impulso me confesó que había tenido una gran desavenencia con su padre y que no había tenido tiempo de abordarla antes de que muriese. Como ocurre en muchas familias, el origen de la rencilla había sido vergonzosamente trivial, pero no obstante real en sus efectos.

Después de charlar durante diez minutos y alentar a Sara a que no se castigara por ello, dejé mi asiento y me arrodillé frente a ella. Al igual que con Frank, tomé sus manos, la miré a los ojos y le dije: "Sara, Dios te perdona. Creo que tu padre te perdona. Perdónate a ti misma". Toda la sala estaba llorando, incluido su hermano, quien aligeró la atmósfera diciendo: "¡Vaya, Dave! ¡Deberías hacer esto para ganarte la vida!".

7. Reír con Dios

Cómo llegar al cielo pasando un buen rato

Como regla, fueron los que odiaban el placer los que se volvieron injustos.

- W. H. Auden

¡Creo que Dios odia la religión sin placer!

Hay un viejo proverbio judío maravilloso que dice que tendremos que dar cuenta en el Día del Juicio Final de todo lo bueno que nos negamos a disfrutar cuando podríamos haberlo hecho.

Es un pensamiento fabuloso: Dios echando un rapapolvo

a la gente por no divertirse lo suficiente... ¡los aguafiestas enviados al "purgatorio del placer" para aprender a pasar un buen rato antes de que se les permita atravesar las puertas del cielo!

Entonces, ¿por qué, me pregunto, la religión se asocia tan a menudo con los aguafiestas? ¿Por qué son los cristianos los que no hacen cosas, especialmente cosas divertidas? ¿Cómo se convirtió en una virtud el ser recto y mojigato? ¿Y quién decidió que a Dios no le gusta la cerveza y las bromas groseras?

Te sorprendería la frecuencia con la que el silencio se apodera de una habitación cuando entro con el alzacuello. O cuántas veces en el pub, después de un funeral, a un pobre chico le pegan una cachetada en la oreja por decir palabrotas "delante del cura". Odio cuando esto sucede (¡como lo hace el niño!), o cuando la gente anda a mí alrededor sigilosamente tratando de protegerme de las supuestas vulgaridades de la vida cotidiana.

Así que a veces me propongo deliberadamente usar un poco de lenguaje colorido, encender un cigarro, contar un chiste sucio o pedir un whisky cuando alguien me ofrece una taza de té (¡los feligreses bien intencionados ya han llenado un armario en mi casa con botellas de whisky barato!). La respuesta a tales expresiones simbólicas de humanidad es invariablemente positiva:" No pareces un sacerdote, Dave", me dice la gente." ¡Eres normal como nosotros! "Y esto conduce a conversaciones mucho más reales, relajadas y productivas.

CS Lewis cuenta la historia de un colegial que, cuando se le preguntó cómo pensaba que era Dios, respondió que, por lo que podía ver, Dios era el tipo de persona que siempre está fisgoneando para ver si alguien se está divirtiendo e intentar detenerlo.

Si así es como la gente se imagina a Dios, no es de extrañar que se queden callados cuando alguien como yo entra en la habitación. Es por ello que me desvío de mi camino para eliminar los estereotipos negativos que la gente tiene de los vicarios, del cristianismo y de Dios, y trato de presentar impresiones más positivas.

Siempre he tenido simpatía por el Buda que ríe; la figura rechoncha y feliz que simboliza los ideales de la buena vida: salud, felicidad, prosperidad y longevidad. Y lamento que, en contraste, Dios y Jesús sean representados principalmente como figuras bastante severas y austeras. Sin embargo, esta no es la forma en que muchos cristianos experimentan a Dios.

El místico alemán del siglo XIV Meister Eckhart describió a Dios como "voluptuoso y delicioso" (¡aquí puedes ver por qué Eckhart tuvo problemas con el Papa!). Sin duda tenía en mente el significado latino de "voluptuoso", que es "placer, deleite, goce". El Dios de Eckhart no era el aguafiestas fisgón del que hablaba Lewis, sino alguien que mira a su alrededor para ver si la gente se lo está pasando bien y animarles a ello. Un Dios voluptuoso se deleita en la creación, ríe de alegría cuando la gente disfruta de estar viva y se complace en las alegrías humanas.

En mi opinión, presentar a Dios como un tipo de aguafiestas cósmico es nada menos que una blasfemia.

En 2007, dos australianos lanzaron una exposición de imágenes titulada "Jesús riendo". Como viajeros globales que eran, notaron que dondequiera que iban, las fotografías e imágenes de Jesús lo mostraban como una figura miserable y negativa. Pero su lectura de los evangelios sugería algo diferente. Así que decidieron iniciar un debate sobre la noción de que Jesús como un personaje alegre y excitante y no "el hombre miserable en camisón con un plato pegado a la cabeza como tan a menudo es retratado en el arte".

Invitaron a artistas de todo el mundo a crear imágenes de Jesús, visto a través de la lente de su propia cultura, pero alegre o sonriente. Esto resultó en una colección muy especial de pinturas con algunas imágenes muy poco convencionales de Jesús: bailando, haciendo malabares, jugando con los niños, comiendo, bebiendo y riendo, incluso actuando como un monologuista.[15]

La escritora estadounidense Anne Lamott dice que sus dos mejores oraciones son "Ayúdame, ayúdame, ayúdame" y "Gracias, gracias, gracias". Lo que esto me sugiere es que

[15] Consulta el sitio web "Jesus Laughing" en www.jesuschrist.uk.com.

las dos partes de la vida en las que tendemos a experimentar a Dios son los momentos de gran placer y los momentos de gran angustia.

Irónicamente, sospecho que es en los momentos dolorosos, las experiencias de "Ayúdame, ayúdame, ayúdame", cuando somos más conscientes de Dios. Clamamos a Dios con desesperación, incluso cuando no estamos seguros de que Dios exista. Pero en momentos de placer, nuestro enfoque está comprensiblemente en otra parte: estamos consumidos por el disfrute. Sin embargo, invitado o no, Dios siempre está presente donde se siente y se comparte la verdadera felicidad.

Y la forma en que sentimos y respondemos a la presencia divina en momentos placenteros es en nuestro sentido de gratitud, el sentimiento de "Gracias, gracias, gracias". Las palabras apenas pueden tomar forma en nuestra conciencia, pero la sensación de gratitud es algo que todos experimentamos y esto es lo que es, en esencia, la oración. Es lo que podemos llamar la reacción de "¡Hurra!" siendo esta la prima hermana menos piadosa de "Hallelujah".[16] Cada enérgico "¡Hurra!" es realmente un aleluya: "¡Dios está aquí!"

En realidad, «hurra» probablemente deriva de un término nórdico que significa "en el paraíso". Cada experiencia de

---

[16] Aleluya significa literalmente "alabado sea el Señor".

verdadero deleite y felicidad es a su manera tastar un poco el sabor del paraíso, tener un anticipo del cielo.

Pero, ¿qué constituye el verdadero placer o deleite? El filósofo griego Epicuro reflexionó mucho sobre esta cuestión. De hecho, todo su sistema filosófico gira en torno a la búsqueda de una vida feliz y tranquila, con ausencia de dolor siempre que sea posible.

Enseñó que el placer y el dolor son las medidas de lo que es el bien o el mal.

Sin embargo, aunque su nombre ha sido utilizado para todo tipo de actividades hedonistas, el propio Epicuro prefirió la moderación al exceso de indulgencia. Bebía agua en lugar de vino y se conformaba felizmente con cenar pan y aceitunas. Su receta para la buena vida consistía en la amistad, la libertad, los placeres de una vida examinada y suficiente comida y refugio para mantener unidos el cuerpo y el alma. En otras palabras, entendió que pasar un buen rato no se trata realmente de autocomplacencia, sino de conocer el significado de "suficiente" y compartir lo suficiente con los demás.

En una conversación en una fiesta, se le preguntó al escritor Joseph Heller cómo se sentía al saber que el financiero del otro lado de la sala probablemente había ganado más dinero el día anterior del que Heller había ganado con su libro *Catch 22* durante todos los años que llevaba publicado. Heller respondió: "Tengo algo que él nunca tendrá: suficiente".

La investigación ha identificado tres niveles de felicidad: lo que ellos llaman La Vida Placentera, la Vida Comprometida o Buena y la Vida Significativa.

La Vida Placentera se basa en obtener tanto placer como podamos, tantas emociones positivas e indulgencias instintivas como sea posible. Se trata de encontrar seguridad económica, disfrutar de unas excelentes vacaciones y de los últimos dispositivos. Por supuesto, no hay nada de malo en estas cosas, pero esta felicidad se desvanece rápidamente, por lo que nos volvemos adictos a más y más de lo mismo, corriendo constantemente para encontrar el próximo placer. Esto lleva al estado clásico de "lo tengo todo pero no estoy contento". Es lo que Jesús llamó ganar el mundo pero perder el alma.

La Vida comprometida o Buena comienza a darnos algo de lo que sentimos que nos falta cuando la vida simplemente gira en torno a la búsqueda del placer. Es cuando comenzamos a descubrir nuestros "dones del Espíritu" particulares, nuestras fortalezas distintivas o rasgos positivos (es decir, amabilidad, curiosidad, perseverancia, atención a los detalles, etc.) y aprendemos a usarlos todos los días.[17] Descubrimos un sentido de autoestima, y esto trae un

---

[17] Encuentro que el Eneagrama es indispensable para identificar las fortalezas clave de las personas; consulta el Apéndice 2. El sitio web Authentic Happiness también ofrece una útil encuesta de fortalezas que te proporcionará una lista interesante de tus fortalezas: www.authentichappiness.org.

sentido de identidad auténtica y un sentimiento de felicidad anclado en quiénes somos realmente y lo que tenemos para ofrecer.

La Vida Significativa ocurre cuando aprendemos a trascender nuestra individualidad y nos sentimos conectados a algo más grande que nosotros mismos. Al aplicar nuestros dones y fortalezas en beneficio de esta gran causa, en lugar de solo para nuestro propio beneficio, descubrimos una felicidad comprometida que trasciende nuestra realización individual.

Estos tres niveles de felicidad no son una línea de progreso; podemos perseguir los tres: un equilibrio de placer, compromiso y significado que resulte en una vida verdaderamente buena y placentera.

Hablando como un Epicúreo, un amante del placer, la Vida Placentera nos reclama constantemente. Personalmente no me gustan las situaciones dolorosas y tengo un apetito voraz por las experiencias placenteras. Pero lo que he aprendido es que es vital vivir toda mi vida, no solo los momentos felices. El significado y la verdadera felicidad solo pueden descubrirse cuando aceptamos tanto los lados oscuros de nuestra experiencia como los lados agradables.

Me di cuenta de esto cuando llegué por primera vez a mi parroquia actual, cuando me pidieron que fuera a ver a Richard, un hombre con enfermedad de la neurona motora avanzada. Contra mi inclinación natural, acepté visitarlo todas las semanas. Uno de mis regalos característicos es brindar diversión y alegría a las personas. No tenía idea de cómo hacer esto con Richard, un hombre que no podía hablar con claridad, con el cual luchaba para comunicarme y cuya enfermedad me inquietaba.

Sin embargo, después de algunas semanas comencé a entender que el tiempo que pasábamos juntos era mucho más por mi bien que por el de Richard. Sospecho que todo lo que le llevé al principio fue un par de ojos de conejo asustados. Sin embargo, él me dio un resquicio de cielo. Lentamente reconocí un brillo en sus ojos que decía algo como: "¡Puedo estar en las garras de esta enfermedad, pero esto no es lo que soy!" No creo que estuviera de ninguna manera feliz con su difícil situación, pero su espíritu se negó a ser definido por ella. Para mí, visitar a Richard fue doloroso (¡qué absurdo decirlo!), Pero fue profundamente instructivo para mi alma.

Para vivir plena y completamente, debemos abrazar los aspectos más oscuros de la vida, tanto la noche como el día. Hay una curiosa escultura en la catedral de Notre Dame de París. Un diablo lascivo se inclina y abraza a un ángel, que a su vez sostiene al diablo. Otra figura está de pie encima y detrás de ellos, mirando a ambos con ojos compasivos. Quizás esta otra figura sea Dios, o nuestro propia mirada de discriminación, o ambos: la tranquila claridad divina que es capaz de abrazar a los opuestos y reconocer el lugar de ambos en nuestras vidas.[18] Vivimos en una cultura que prefiere la tranquilidad y la comodidad de escoger una u otra a las complejidades de la paradoja. Queremos luz sin oscuridad, las glorias de la primavera y el verano sin las exigencias del otoño y el invierno. La verdad, como señala el cuáquero Parker Palmer, es que, separadas una de otra, ni la oscuridad ni la luz son aptas para que habite la vida humana. Necesitamos la paradoja de la oscuridad y de la luz, del placer y del dolor.

La sabiduría cristiana convencional nos dice que nadie llega al cielo por divertirse. Estoy en desacuerdo. Creo en un Dios "voluptuoso y delicioso", un Dios de placer y deleite, un Dios que creó cuerpos sudorosos y risas estridentes, humor descarado y labios que besan, comida deliciosa y rico vino tinto. Si Dios no quiere que disfrutemos de la vida y nos enamoremos del mundo, ¡entonces la existencia es una broma enfermiza! Y el cielo es verdaderamente un sueño imposible.

---

[18] Debo esta observación a Roger Housden en su libro *Seven Sins for a Life Worth Living (Siete Pecados para una vida que merezca ser vivida)*(Harmony Books, 2005).

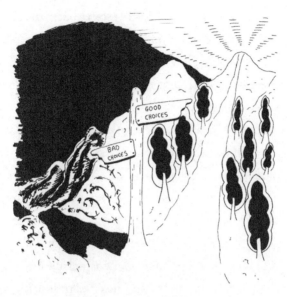

8. Cambia lo que puedas
Cómo deshacerse de las malas decisiones y tomar de las buenas

Son nuestras elecciones, Harry, las que nos muestran lo que
realmente somos, mucho más que nuestras habilidades."
                                                    - J. K. Rowling

Conocí a Mairi a través de un amigo que sintió que
yo podría ayudarla. Tenía dieciséis años, pero parecía y se
comportaba más como una joven de veinticinco: una mujer
joven, hermosa, inteligente, muy elocuente y con grandes
perspectivas en la vida. Sin embargo, debajo de su apariencia

encantadora y atractiva, Mairi estaba deprimida y se autolesionaba en secreto. Gran Bretaña tiene las estadísticas de autolesiones más altas de Europa, y Mairi entró en la categoría de mayor riesgo: las mujeres jóvenes de entre quince y diecinueve años.

Mientras hablábamos, me convencí de que necesitaba más ayuda experta de la que yo podía ofrecerle, así que lo arreglé para que viera a Hilary, una psicoterapeuta de la comunidad de nuestra iglesia. Mairi era gay pero no quería aceptar esto y no podía hablar con sus padres al respecto. Cuando nos conocimos, casi sentí que ella quería que yo, como sacerdote, le dijera que algunas relaciones sexuales estaban mal. Parecía enojada con Dios por permitirle ser así. Pero accedió a ir a terapia.

Después de casi un año, Mairi decidió que podía dejar de ver a Hilary. Ya no se autolesionaba y se sentía confiada para retomar su vida y seguir adelante. Durante ese tiempo, tomó algunas decisiones difíciles, pero buenas. Poco después de terminar las sesiones, me envió este conmovedor correo electrónico:

Le escribo para agradecerle por darme la oportunidad de hablar con alguien sobre mis problemas. Me ha cambiado enormemente como persona y me ha dado una nueva confianza. Del tipo que permite a una persona sonreír libremente, sin preocuparse de lo que otra persona pueda pensar de ella. Del tipo que te da fuerza para caminar por la calle con la cabeza bien alta y mirando hacia adelante, en lugar de ir mirando hacia el pavimento debajo de tus pies.

Me ha dado fe y creencia en mí misma, algo de lo que antes carecía en gran medida.

Realmente no puedo explicar cuán profundamente eso ha afectado mi vida. Quizás un ejemplo ayude. Antes, si entraba en un bar y veía a una mujer que realmente me gustaba, prefería morderme la mano y comérmela para la cena antes que acercarme o incluso mirar en su dirección. Había un montón de inseguridades que me impedían hacerlo. Sin embargo, si hubiera tomado una copa o dos, ¡incluso podría haber mantenido una conversación medio decente!

Pensando en ello me parece todo tan surrealista. Además de un pequeño milagro que me ha devuelto la fe en Dios... No veo de qué otra forma esto se habría puesto en su sitio sin que hubiera algún tipo de guía. Eso y el hecho de que eres sacerdote. No hubieras podido realmente tener una mejor sugerencia; gracias por darme la oportunidad de aclarar mi mente.

La conmoción de mi encuentro con Mairi se intensificó por el hecho de que tengo una hija que es gay, a quien amo mucho. Me parece increíble, en esta época, que una mujer encantadora deba sentirse impulsada a lastimarse simplemente por ser quien es, especialmente cuando esa infelicidad es alimentada por la sensación de que Dios está disgustado con ella.

Me complace informar que Mairi es ahora una mujer segura de sí misma, cómoda con su sexualidad y que estudia para ser médico. Recibió ayuda a través de sus luchas, no menos que del buen Dios. Pero, fundamentalmente, ella está donde está hoy debido a sus propias decisiones. Y puede estar muy orgullosa de ello.

Cada uno de nosotros es producto de nuestras elecciones, buenas y malas. Pero son las malas las que nos persiguen, dejándonos con la sensación de culpa y, a veces, con las secuelas de esas decisiones. Así que aquí está la buena noticia: no importa lo que hayamos hecho en el pasado, no importa qué errores creamos haber cometido, tenemos el poder de hacer las cosas de manera diferente. Como Maire, podemos deshacernos de nuestras malas decisiones y tomar nuevas y mejores.

Algunas de mis propias no tan buenas decisiones me afectaron hace un tiempo, lo que resultó en un ataque cardíaco. Sabía desde hacía algún tiempo que necesitaba hacer cambios en mi vida, pero caí en el pensamiento de que esto requería un gran nivel de resolución que yo no tenía. Sin embargo, lo que descubrí es que muchos de los grandes cambios en la vida no provienen de apretar los dientes y esforzarnos más, sino de descubrir nuevas perspectivas en nuestra vida y desarrollar nuevos patrones de pensamiento y comportamiento, un paso cada vez.

Cuando Jesús llamó a las personas a cambiar sus vidas, les dijo que se arrepintieran. Este es ahora un término desafortunado que evoca imágenes de locos con pancartas que dicen "¡El fin está cerca!" Es un cliché religioso asociado con confesar nuestros pecados, sentirnos realmente mal con nosotros mismos o tratar de pasar una nueva página. Sin embargo, nada de esto expresa lo que realmente significa el arrepentimiento.

La palabra griega metanoia de la que se traduce "arrepentimiento" significa literalmente "ir más allá de la mente" que tenemos, o "entrar en la mente grande". Sugiere un reenfoque completo de la atención, una nueva visión, una forma diferente de pensar que expanda nuestra perspectiva.

Esto es lo que le sucedió a Maire: pasó un año entero arrepintiéndose, aprendiendo a pensar de nuevo, aprendiendo a ampliar su mente para adaptarse a una nueva identidad, aprendiendo a dejar de verse a sí misma como basura, aprendiendo a ser amable con ella misma en lugar de herir su precioso cuerpo. Llámalo terapia, llámalo arrepentimiento, es un cambio de mentalidad, el comienzo de una nueva y liberada experiencia de vida, que creo que siempre está inspirada y energizada por el Espíritu de Dios.

Robert pasó por una experiencia similar que transformó

su mente, aunque bastante diferente a la de Mairi. Era un invitado de una boda que realicé. Se presentó a mí después de la misa en medio del baile, la bebida y la algarabía de la recepción de la boda. Su rostro estaba un poco pálido mientras nerviosamente me contaba el hecho extraño que le había sucedido durante la ceremonia.

"¡No puedo explicarlo!, dijo, "pero de alguna manera, durante tu charla, sentí como si toda mi vida pasara frente a mí… y todo parecía una pérdida de tiempo. Como si hubiera estado persiguiendo todas las cosas equivocadas… esforzándome tanto para conseguir lo que no me hace feliz. Todo es basura... puedo ver eso. "El hizo una pausa. Entonces, entre lágrimas, me dijo: "¡Gracias! ¡Creo que me has cambiado la vida! "Y desapareció de nuevo entre la multitud.

La vida de las personas cambia como resultado de todo tipo de eventos y circunstancias: a través de experiencias directamente religiosas, a través de asesoramiento y terapia, a través de giros devastadores del destino, a través de un infarto, a través de un proceso consciente de autorreflexión o ¡a través de una epifanía misteriosa en una ceremonia de boda!

Pero el punto de inflexión crucial es cuando comenzamos a mirar hacia adentro, cuando aprendemos a reflexionar sobre nuestras vidas en lugar de simplemente patinar sobre su superficie. Aquí es cuando podemos descubrir quiénes somos, qué somos, qué es importante para nosotros, cuáles son nuestros valores fundamentales, las bases sobre las que nos gustaría construir nuestra vida.

Cuando nuestros hijos estaban creciendo, nuestro deseo más profundo era que se convirtieran en el tipo de personas de las que estaríamos orgullosos; no necesariamente por sus logros académicos o éxitos profesionales, sino por su carácter como individuos. Sí, por supuesto que esperábamos que compartieran nuestra fe cristiana, pero esa siempre sería su decisión. Más importante aún, queríamos que fueran personas con una buena orientación espiritual y moral y con capacidad para tomar buenas decisiones en la vida.

Estos valores que nos orientan se forjan de manera única en cada individuo a partir de cualidades que son más profundas y fundamentales que cualquier credo o sistema religioso, aunque están incorporadas en todas las grandes tradiciones religiosas. Cualidades como el amor y la compasión, la paciencia, la generosidad, el perdón, la alegría, la gratitud, el sentido de responsabilidad, el sentido de armonía, etc.

En mi opinión, el mejor lugar para nutrir y cultivar estas cualidades es dentro de una comunidad de fe, pero estas no son «confesionales»; ninguna tradición religiosa las posee. En el cristianismo, las llamamos "los frutos del Espíritu", y las encontramos expresadas de manera suprema en Jesús.

Los malos cristianos pueden luchar con gran parte de

la parafernalia religiosa que rodea a la fe cristiana, pero su visión de la vida, el camino que desean seguir, se basa en la persona de Jesús. Incluso en mi momento más bajo con el cristianismo, cuando ninguna de las creencias parecía tener sentido, cuando me desesperaba por las actitudes sexistas y homofóbicas que encontraba, cuando prefería la idea de ser un propietario de un pub a la de ser un vicario, cuando la subcultura de la iglesia me volvía loco, todavía encontraba la figura de Jesús convincente e inspiradora.

Hay muchas figuras maravillosas y piadosas dentro de las tradiciones religiosas del mundo y más allá de ellas, las cuales admiro y elijo emular, pero Jesús me ofrece más claramente el modelo de humanidad que más deseo seguir.

Entonces, ¿qué significa esto en la práctica? ¿Cómo tomamos buenas decisiones y nos deshacemos de las malas? ¿Cómo podemos convertirnos en el tipo de persona que queremos ser, el tipo de persona que nosotros mismos respetamos y admiramos? Los desarrollos recientes en la ciencia del cerebro ofrecen una respuesta alentadora a lo que significa el arrepentimiento.

Durante los últimos veinte años aproximadamente, se ha producido una revolución en la neurociencia debido al descubrimiento de algo conocido como neuroplasticidad. En épocas anteriores se creía que el cerebro estaba programado desde la primera infancia; que los adultos tenemos un número determinado de neuronas que realizan funciones de una manera particular. También se entendió que las células cerebrales que perdemos a diario no pueden regenerarse ni reemplazarse una vez que se pierden. ¡Una vez que se pierden se pierden para siempre!

Pero ahora se sabe que el cerebro es maleable y cambia constantemente, y que se pueden crear deliberadamente nuevas redes neuronales, lo que nos da la capacidad de desarrollar nuevas cualidades, nuevos hábitos y nuevas habilidades a lo largo de nuestra vida, incluso en la vejez.[19]

Básicamente, cuando ejercitamos los músculos de nuestro cuerpo, estos se fortalecen. Si no los usamos, se debilitan. Resulta que el cerebro no es diferente: nos volvemos buenos en las cosas que practicamos. Esto no solo se aplica a cosas como aprender idiomas o aprender a tocar un instrumento. De hecho, podemos desarrollar nuestro cerebro para ayudarnos a ser más compasivos y menos codiciosos, por ejemplo.

Si practicamos mucha autocrítica, desarrollamos las redes neuronales de la autocrítica. Algunos de nosotros somos campeones olímpicos en autocrítica. Pero no tenemos por qué quedarnos así. Podemos desarrollar una nueva red neuronal que promueva la autoestima y la autovaloración. ¿Cómo? Practicando. Básicamente, nos volvemos buenos en lo que practicamos. Esto se aplica tanto a nuestro cerebro

[19] Véase Norman Doidge, *The Brain that Changes Itself: Stories of Personal Triumph from the Frontiers of Brain Science* (*El cerebro que se cambia a sí mismo: Historias de triunfo personal desde las fronteras de la ciencia del cerebro*) (Penguin, 2008).

como al resto de nuestras facultades físicas. Los hábitos mentales, las cosas con las que nos comprometemos, en realidad nos cambian el cerebro y hacen que estas acciones y respuestas sean automáticas.

Así que no es suficiente decir: "Es que yo soy así, ¡no puedo evitarlo!" Podemos cambiar. Podemos desarrollar nuevos hábitos. Podemos tomar mejores decisiones de acuerdo con las cualidades que admiramos y aspiramos a expresar. Sin duda, esto es lo que realmente significa el arrepentimiento: cambiar y expandir la mente, ir más allá de sus límites actuales.

La clave es aprender a prestar atención a nuestras vidas, en lugar de simplemente vagar sin rumbo por nuestros días. Si no prestamos atención consciente a nuestras elecciones y cómo deseamos hacerlas, nuestro piloto automático se activará y nos llevará por caminos trillados; justamente las viejas elecciones que deseamos abandonar.

Crear nuevos caminos en la mente es un poco como crear una nueva ruta a través de un bosque: simplemente sigues caminando por ese camino, como si hubiera una vía, y en poco tiempo aparecerá el nuevo pasaje.

El desarrollo de prácticas espirituales o contemplativas ayuda. Me gusta la palabra "prácticas". Me recuerda que las mayores habilidades de la vida requieren un ensayo constante. Cometemos errores, metemos la pata, nos olvidamos de cosas o nos distraemos. Pero comenzamos de

Cambia lo que puedas

nuevo y nos volvemos buenos en lo que practicamos.

Hay cosas en la vida que no puedes cambiar: ciertas circunstancias, eventos aleatorios o las acciones de los demás. Hay otras cosas que sí puedes cambiar. La Oración de la Serenidad, practicada por Alcohólicos Anónimos, ofrece perspectiva simple y profunda:

Dios, concédeme la serenidad para aceptar las cosas
que no puedo cambiar;
valor para cambiar las cosas
que puedo,
y sabiduría para reconocer la
diferencia.

Recomiendo esta oración como un mantra diario y una práctica espiritual de por vida.

9. Dios no es cristiano

Cómo apreciar otras religiones sin perder la propia

Dios claramente no es cristiano. Su preocupación es por todos sus hijos... que los cristianos no tengan el monopolio de Dios es una observación casi trillada.

- Desmond Tutu

Cuando Amaka y Ansumana me pidieron que los casara, supe que debía esperar algo especial. Amaka es cristiana, Ansumana musulmán, y querían una boda dirigida conjuntamente por un sacerdote y un imán. Ambas tradiciones debían ser honradas en la ceremonia, ambas plenamente incorporadas, sin compromisos baratos.

El día resultó ser una magnífica convergencia de religiones, culturas, familias y comunidades. La familia de Amaka es mitad nigeriana, mitad india; la de Ansumana es de Sierra Leona. Pero ambos habían nacido y crecido en Gran Bretaña. Así que los trescientos invitados a la boda formaban una comunidad rica y diversa de diferentes orígenes, conexiones, puntos de vista e influencias. Si hubicra habido alguna idea por la que pelear por nuestras diferencias, ¡habríamos tenido mucha tarea por hacer!

Pero esta era una comunidad de amor y amistad, donde se celebraban las diferencias, no se peleaba por ellas. Estábamos allí para regocijarnos por el matrimonio de dos personas hermosas, pero también para disfrutar de la diversidad y brindar por una unión de la diversidad. ¡Y pasar un buen rato en el proceso!

Para agregar a la magia y a lo extraordinario de la ocasión, la boda tuvo lugar en una carpa en un pueblo rural inglés: ¡que no es precisamente el hogar más obvio para acontecimientos multireligiosos y multiculturales!

La boda fue más que un encuentro de dos personas. También fue el matrimonio de dos tradiciones y una fusión de dos rituales de boda, ninguno de los cuales se perdió en el proceso. El Imam Alhaji de Sierra Leona, que vive y sirve en el sur de Londres, abrió los procedimientos con la ceremonia del matrimonio musulmán, y rápidamente se hizo querer por todos con su humor, pasión y humanidad.

Habló efusivamente sobre la naturaleza de la ocasión, que comprendía múltiples religiones, dijo que en una reciente visita a su pueblo natal en Sierra Leona, lo primero que había hecho era construir una iglesia.

Aparentemente, la comunidad cristiana de allí necesitaba ayuda en su proyecto de construcción, por lo que inmediatamente reunió a sus amigos musulmanes y se pusieron a la tarea. Cuando hablé con él más tarde sobre esto, simplemente me dijo: "De eso se trata, Dave. Somos hermanos, nos amamos".

La perspectiva de mucha gente sobre la religión cambió ese día. La congregación, que incluía a musulmanes, cristianos y personas sin una fe en particular, fueron testigos de un espectáculo de armonía religiosa: la celebración de un matrimonio multiconfesional, la cálida colaboración de un sacerdote y un imán, la mezcla de diferentes comunidades y tradiciones y la demostración de que Dios no es de nadie y es de todos.

Cómo desearía poder embotellar el espíritu de la boda de Amaka y Ansumana para liberarlo por todo nuestro mundo, destrozado por la violencia, los prejuicios y el terror, a menudo en nombre de la religión. Sin embargo, creo que este pequeño evento es simplemente una muestra de la aspiración de muchas personas que detestan el fanatismo y la intolerancia y anhelan una mayor colaboración para crear la paz en la tierra. Como ha dicho el teólogo católico Hans Küng, no habrá paz entre las naciones sin paz entre las religiones, y no habrá paz entre las religiones sin diálogo y sin un mayor entendimiento entre ellas.

Quizás la lección más importante que aprendimos ese día en la boda es que la humanidad tiene más profundidad que la religión. Los invitados pronto se olvidaron de cualquier diferencia entre ellos y simplemente disfrutaron de la compañía del otro. Estar allí, en ese lugar, reír, derramar una lagrimita, desear lo mejor para la feliz pareja, comer y beber, charlar o compartir historias; pronto se hizo evidente que todos somos los mismos seres humanos. Nuestro color de piel puede diferir, nuestras costumbres y rituales pueden no ser los mismos, nuestras creencias religiosas pueden variar, pero compartimos una humanidad común. Todos sangramos cuando nos cortan, todos tenemos hambre y tenemos miedos y aspiraciones similares. La inmensa mayoría de nosotros deseamos ser seres humanos decentes. En su inspiradora autobiografía espiritual, el Dalai Lama habla de sus tres compromisos fundamentales en la vida: primero como ser humano, segundo como monje budista y tercero como Dalai Lama. Qué inspirador que su primer compromiso no sea como budista, o tibetano, o como Dalai Lama, sino como un ser humano dedicado al enriquecimiento de una humanidad compartida, a través de la bondad y la compasión mutuas. La religión, la ideología, la raza y la cultura pueden dividirnos, pero la humanidad nos une.

El futuro de la religión no depende de una solución teológica, sino de una solución humana: necesitamos desesperadamente crear nuevas historias de reciprocidad y esperanza que generen un nuevo espíritu de fraternidad y cooperación en la construcción de un mundo más compasivo y sostenible. A su modesta manera, la boda de Amaka y Ansumana es una de esas nuevas historias; al menos para trescientas personas, que espero que la cuenten y la vuelvan a contar una y otra vez.

La boda también subraya que Dios es más grande que cualquiera de nuestras creencias y tradiciones por separado. Dios no es de nadie y es de todos. No hay religión que pueda contener o definir a Dios. ¡Por supuesto que no! ¿Cómo podría Dios ser cristiano? ¡Un Dios así sería horriblemente pequeño! Dios no puede ser musulmán, judío, hindú o budista. Dios no es una deidad tribal, sino el Creador de toda la tierra.

Toda tradición religiosa afirma de alguna manera que Dios está más allá del alcance de cualquiera de nosotros: Dios es misterio, Dios es trascendencia, Dios es el Gran Más Allá. Como dicen los musulmanes, „¡Allahu akbar!" Que no solo significa "¡Dios es grande!" sino "¡Dios es más grande!" Más grande que nuestro entendimiento, más grande que cualquier idea humana sobre Dios.

Naturalmente, si nos hemos pasado la vida pensando que Dios es cristiano (o hindú, judío o lo que sea), será perturbador, desorientador o incluso aterrador para nosotros, acariciar la idea de que Dios pertenece a los demás tanto como a nosotros. Pero a los cristianos esto no debería sorprendernos; después de todo, dos tercios de nuestra Biblia (el Antiguo Testamento) lo constituyen las Escrituras hebreas, donde se supone que Dios es judío. Y Jesús mismo siguió siendo judío toda su vida y no mostró ninguna inclinación obvia a crear una religión no judía. El cristianismo es, de hecho, intrínsecamente una tradición multi-confesional, una sinergia de grandes aspectos del judaísmo con elementos "bautizados" de otras antiguas culturas religiosas y paganas fusionadas en torno a la figura de Jesucristo y lo que él aporta al mundo de manera única.

Sin embargo, el hecho de que Dios sea más grande que nuestra tradición de fe no significa que nuestra tradición no tenga sentido; nada de eso. Esto simplemente subraya que todas nuestras visiones de Dios son parciales y nebulosas. Lo mejor que podemos hacer es "entrecerrar los ojos en la niebla" o "mirar a través de la niebla", como dice San Pablo.[20] Nadie tiene una visión clara de Dios.

Hay una vieja historia sobre seis personas ciegas en el zoológico palpando un elefante. "Un elefante es como una pared", dice uno tocándole el costado. "No, un elefante no es como una pared, se parece más a una cuerda, dice otro sujetándole la cola." "¿Una cuerda? No, un elefante

---

[20] 1 Corintios 13:12 (La traducción del Mensaje).

es como una sábana", dice el tercero acariciándole la oreja. "Un elefante es como una manguera grande y suave", dice el cuarto agarrándose de la trompa. "No, un elefante es como un árbol", dice otro, envolviendo firmemente sus brazos alrededor de una pierna. "Un elefante es definitivamente como una tubería sólida", dice el sexto, agarrándole el colmillo.

Todos somos ciegos cuando se trata de comprender lo Divino. Dios es mucho más grande que la visión que pueda tener cualquiera de nosotros. Pero, como digo, esto no significa que nuestras precarias percepciones de Dios sean falsas o no válidas. Soy cristiano. Soy parte de una tradición que entiende al Dios revelado en Jesucristo. Esta es mi fe. Es como conozco y experimento a Dios. Apuesto mi vida por ello.

Esto nos lleva a otro punto, maravillosamente subrayado por la boda de Amaka y Ansumana: la necesidad de apreciar y de respetar la fe de los demás sin necesidad de apartarnos de la propia. Gracias a Dios, la ceremonia de matrimonio de esta encantadora pareja joven no fue una amalgama barata de dos tradiciones, sino un encuentro de espíritus que incluía el respeto mutuo y la admiración. Y en un escenario más amplio, cuando interactuamos con personas de otros orígenes, no buscamos encontrar una insulsa sopa de guisantes religiosa donde todas nuestras diferencias se disuelvan, sino un diálogo vigoroso donde podamos aprender y evolucionar, sin dejar de mantener la integridad de nuestra propia fe.

He participado y disfrutado de muchas conversaciones interreligiosas. Constantemente leo y escucho enseñanzas e historias de otras tradiciones. Y todos ellas me enriquecen. Sin embargo, mi fe en Cristo permanece firme. No soy cristiano porque creo que el cristianismo sea mejor que otras religiones; hay cosas en el pasado y el presente cristiano de las que me siento orgulloso, y otras de las que me avergüenzo. Soy cristiano porque sigo cautivado por la persona de Jesús. Hay muchos seres humanos notables en la historia de todas las religiones del mundo, algunos de los cuales admiro enormemente; pero para mí, Jesús es la revelación fundamental de Dios. Él es el que he elegido seguir. Y es por mi lealtad a Cristo que venero también la fe de los demás.

Nadie en la boda de Amaka y Ansumana tenía el deseo de corregir al otro. Por lo que pude detectar, había una ávida curiosidad y apertura por parte de todos hacia las diferentes opiniones de los demás. Salimos sintiéndonos enriquecidos e incluidos.

El gran misionero E. Stanley Jones fue a la India a principios del siglo XX y se sintió abrumado por la profundidad de la espiritualidad en ese país. Entonces, en lugar de tratar de convertir a todos al cristianismo, organizó "mesas redondas": conversaciones entre personas de diferentes religiones para compartir sus experiencias. Nadie debía discutir o hablar sobre teoría religiosa. A nadie se le permitía juzgar la fe de otra persona. Nadie podía predicar o tratar de convertir a los demás, simplemente estaban allí para compartir sus historias. Incluso se invitó a agnósticos y ateos. "Díganos qué ha hecho su agnosticismo o ateísmo por usted en la experiencia", decía Jones.[21]

La esencia de la discusión genuina es que cada persona está abierta a la posibilidad de ser cambiado por lo que se comparte. Sin esto, podríamos estar frente a un espejo y hablar con nosotros mismos. Por lo tanto, el objeto de interactuar con personas de diferentes orígenes religiosos no es simplemente la tolerancia de la diferencia, sino la expectativa de que nuestra propia fe pueda verse agrandada por el encuentro.

En última instancia, nuestro mundo necesita más que un reconocimiento mutuo entre las comunidades religiosas del mundo. Nos pide a gritos que cooperemos y trabajemos junto a personas de buena voluntad en todas partes para hacer del mundo un lugar más justo y compasivo. Y no deberíamos esperar a que los líderes religiosos y los políticos lo hagan, sino que debemos perseguir esto con nuestros simples actos de bondad en situaciones dentro de la comunidad.

Cuando los miembros de la Iglesia Heartsong, en las

[21] E. Stanley Jones participó en discusiones de mesa redonda con Mahatma Gandhi y escribió una biografía de Gandhi, "portrayal of a friend" (retrato de un amigo). Y Martin Luther King Jr dijo que fue esta biografía la que lo inspiró a la no violencia en el Movimiento por los Derechos Civiles.

afueras de Memphis, Tennessee, se enteraron de que se estaba construyendo un nuevo centro islámico al lado, colocaron un letrero que decía: «La Iglesia Heartsong da la bienvenida al Centro Islámico de Memphis al vecindario». Y cuando escucharon que el centro no estaría listo a tiempo para el Ramadán, Steve Stone, el pastor, invitó a sus vecinos a usar la iglesia para sus oraciones.

En unos Estados Unidos posteriores al 11 de septiembre, esto se convirtió en noticia nacional. Un grupo de musulmanes en un pequeño pueblo de Cachemira vio los informes al respecto en la CNN y escuchó una entrevista con Steve Stone. Después de ver la transmisión, uno de los líderes musulmanes dijo: «Dios acaba de hablarnos a través de este hombre». Otro fue directamente a la iglesia local y la limpió por dentro y por fuera. En un mensaje a Stone, uno de los hombres de Cachemira escribió: «Ahora también estamos tratando de ser buenos vecinos. Dígale a su congregación que no los odiamos, los amamos y que por el resto de nuestras vidas nos ocuparemos de esa iglesia».

Aunque el Centro Islámico de Memphis ya está acabado, las dos comunidades trabajan juntas todos los meses para ayudar a las personas sin hogar en su vecindario, y hay planes para construir un nuevo parque de la amistad que se ubicaría en las propiedades de ambas comunidades, para desdibujar los límites entre las dos religiones.

Esta es otra de esas nuevas historias de reciprocidad y

esperanza que necesitamos crear para generar un espíritu fresco de fraternidad y cooperación que pueda acabar con la violencia y el odio, y construir un mundo más compasivo y sostenible.

Justo antes de ser asesinado, Martin Luther King Jr escribió:

> Hemos heredado una casa grande, una gran "casa en el mundo" en la que tenemos que convivir juntos - blancos y negros, orientales y occidentales, paganos y judíos, católicos y protestantes, musulmanes e hindúes – somos una familia indebidamente separada por ideas, culturas e intereses, y dado que nunca más podremos vivir separados, de alguna manera debemos aprender a convivir en paz.

Más de cuarenta años después de la muerte de King, comprendemos aún más agudamente los problemas de convivir juntos en esta gran casa del mundo. Y sus palabras suenan más verdaderas que nunca: "Debemos aprender a convivir juntos como hermanos o perecer juntos como tontos".

En tiempos de cambio e incertidumbre, cuando los puntos de referencia que nos son familiares han cambiado o desaparecido, es comprensible que anhelemos familiaridad y respuestas directas. Pero el futuro de nuestro mundo depende de gentes de "mesa redonda" que abracen la diversidad y defiendan su propia fe mientras afirman la fe de los demás. Y que trabajen juntos para difundir una cultura global de justicia, amistad y compasión.

10. No importa el cielo,
¿Qué pasa con el ahora?

Cómo sentirte en casa en este mundo

*Estoy tan absorto en las maravillas de la tierra y de la vida
en ella que no puedo pensar en el cielo y en los ángeles.*

Pearl S. Buck

La mayoría de nosotros tenemos un lugar en el que
nos sentimos un poco como el cielo. El mía es una vieja
casita destartalada en un valle desierto de Yorkshire. Está a
un kilómetro de la carretera más cercana, y a lo largo de

los veinticinco años en que la hemos alquilado, nos hemos forjado allí mil recuerdos inolvidables.

Cuando mi amigo Stuart, un capellán de los Royal Marines, me pidió que lo guiara en un retiro espiritual, acordamos que la cabaña era el lugar perfecto para pasar la semana. Mi esposa Pat también vino; nunca se perdería un viaje a la cabaña y siempre tiene muchos pensamientos sabios que aportar.

Así que íbamos todos los días arriba y abajo por el valle con los perros. Y por la noche acudíamos al pub a por comida y sustento. Pasamos tiempo hablando, reflexionando y observando la ladera que teníamos enfrente. Rezamos y guardamos silencio frente al fuego. También jugamos alguna que otra mano de cartas y tomamos un poco de oporto.

En nuestra última noche, después de que Laura, la esposa de Stuart, se uniera a nosotros, decidimos rezar afuera. Había sido un hermoso y fresco día de otoño y habíamos tenido una fogata al aire libre durante toda la tarde. A las 5.45 p.m. estaba oscuro, pero todavía ligeramente, así que nos acurrucamos alrededor del fuego con la luz suficiente para leer nuestros libros de oraciones. Mientras orábamos, dos búhos se llamaban repetidamente entre sí a través del valle, y un cuarto de luna deliciosamente delgada se asomaba por encima de la colina de enfrente; no lo suficientemente brillante como para ocultar la revelación gradual de la Vía Láctea. Fue uno de esos preciados momentos en los que te sientes completamente en sintonía con el entorno y totalmente vivo.

Yo lo llamaría estar en el cielo. Y sentirse como en casa.

Estoy mucho más feliz en este tipo de cielo que en la mansión en el cielo de la que a veces escuchamos en la iglesia. No me gusta mucho como suena ese cielo. No tengo ninguna duda de que nuestra existencia es mucho más que esta envoltura mortal; Creo en algo que llamo «el más allá". Pero no tengo idea de lo que eso realmente significa. Tampoco lo sabe realmente nadie que yo conozca. Pero ciertamente no creo en un campamento de vacaciones celestial lleno de arpas, cantos y misas eclesiásticas perpetuas, ¡o cualquier otro tipo similar de tormento eterno!

Me inclino más hacia la noción de realidades paralelas: el "más allá" dentro del presente, el cielo que está ahora a nuestro alrededor. Hay un viejo dicho celta que dice que el cielo y la tierra están separados por solo un metro de distancia, y que hay lugares "delgados" donde la distancia es aún menor, lugares como nuestra cabaña. Creo que también hay experiencias "delgadas", momentos "delgados", quizás también tiempos y estaciones de "delgadas", donde el umbral entre las dos realidades se vuelve más poroso. Sin duda, esto es de lo que realmente trata Halloween: no de truco o trato, o fantasmas y demonios, sino de la sensación de delgadez entre el reino de los vivos y el de los difuntos.

El reino de los cielos, para mí, es un estado de conciencia, una forma diferente de ver el mundo, una conciencia transformada que cualquiera puede sentir de vez en cuando. Cada experiencia verdaderamente alegre (no me refiero a "religiosa") es una pequeña degustación del cielo. Toda amabilidad es una muestra del cielo. Cada relación amorosa o cada amistad verdadera tienen el sabor del cielo. Cada expresión de belleza o cada nuevo descubrimiento tienen el sabor del cielo. Cada acto desinteresado, cada intento de crear justicia, cada boca hambrienta alimentada, cada vagabundo bienvenido, cada diferencia celebrada tienen el sabor del cielo.

Hay una corriente de espiritualidad de otro mundo dentro del cristianismo que nos dice que no nos sintamos demasiado en casa en este mundo; que somos exiliados o extranjeros aquí, esperando ser trasladados a nuestro verdadero hogar en el cielo. Creo que esto es un error. Sí, por supuesto, hay cosas en el mundo con las que no deberíamos sentirnos como en casa: la injusticia, la pobreza, los prejuicios, la codicia, los abusos, las enfermedades y cosas por el estilo, pero son estas cosas precisamente las que deben ser erradicadas y exiliadas.

Podemos sentirnos como en casa en el mundo porque Dios tiene también aquí su casa. Dios habita este universo material; él habita dentro del barro del planeta tierra; se le puede encontrar en las realidades y actividades físicas ordinarias de la existencia humana. ¿No es a esto a lo que se refería Jesús cuando les dijo a sus seguidores: "El reino de

Dios está entre vosotros? [22] El mundo es la casa de Dios, el cuerpo de Dios.

El objeto de la religión no es prepararnos para la próxima vida. Sino que es una llamada a experimentar la vida eterna ahora, en este mundo presente, en la cotidianeidad de la existencia diaria. Lo que venga después puede esperar. Lo sabremos tarde o temprano.

Entonces, ¿cómo podemos estar más en casa en este mundo?

Primero, es esencial ser amigos de nuestro propio cuerpo. Muchos de nosotros nos sentimos insatisfechos o incómodos con nuestro cuerpo. Lo juzgamos con dureza o tratamos de ignorarlo. Lo tratamos como si fuera un esclavo en lugar de como el amigo leal que es, que nos apoya en nuestras esperanzas y sueños de todas las formas posibles. Después de tener un ataque al corazón, me encontré poniendo mi mano sobre mi corazón y disculpándome por la forma en que lo había tratado cuando él me había servido tan bien durante tanto tiempo. Creo que deberíamos hablar con nuestros cuerpos con más frecuencia y amabilidad.

Pero nuestra cultura no nos anima a ser amables con nuestro cuerpo. Vivimos bajo la tiranía de las nociones idealizadas de cómo deben verse y funcionar nuestros cuerpos. Todos los días nos bombardean con visiones de gente delgada y hermosa, y con anuncios de productos que

[22] Lucas 17:21.

nos prometen adquirir esa imagen. Pero ¿y si resistimos la tentación? ¿Qué pasa si nos deshacemos del bronceado, uñas, dientes, cabello o pechos falsos? ¿De la idea de una espalda perfecta o unos abdominales duros como una roca? ¿Qué pasa si encontramos el coraje para amar lo que tenemos en lugar de sentir la necesidad de mejorarlo? ¿Y si no tuviéramos que cambiar nada de nosotros mismos? ¿Qué pasaría si solo hiciéramos cambios basados en el amor a nosotros mismos?

Sería genial si la religión nos ayudara a hacernos amigos de nuestros cuerpos, pero, lamentablemente, el cristianismo a veces se ha sumado al problema, cuando el cuerpo es visto como un estorbo para el progreso espiritual o como una fuente de tentación que tiene que ser derrotada y el cuerpo ser sometido. Pero somos almas encarnadas: nuestros deseos y apetitos, nuestra sexualidad y nuestros anhelos sensuales son parte de la identidad que nos ha dado Dios para ser abrazada y disfrutada, no desdeñada. Si queremos sentirnos como en casa en el mundo, debemos sentirnos como en casa en el "animal delicado"[23] de nuestro cuerpo y descubrir una espiritualidad basada en el equilibrio, donde cada aspecto de nuestra humanidad sea valorado e incluido, donde nos amemos y nos aceptemos; incluyendo nuestros cuerpos.

En segundo lugar, debemos aprender a vivir el momento presente lo más plenamente posible. Es muy

---

[23] El término "animal blando" aparece en el maravilloso poema de Mary Oliver "Wild Geese" en *Wild Geese* (*Ocas Salvajes*)(Bloodaxe Books, 2004).

fácil estar ausentes de nuestra propia vida, preocupados por pensamientos y sentimientos que nos alejan de la conciencia de la vida en el ahora. La razón por la que mis amigos y yo nos sentimos tan vivos en esa hermosa velada en la cabaña fue porque estábamos completamente presentes en lo que estaba sucediendo. Dejamos a un lado ansiedades, inquietudes, planes o lamentos que de otro modo hubieran ocupado nuestros pensamientos. Simplemente estábamos allí, en ese momento, sintiéndonos en casa en el mundo, conscientes de lo que estaba sucediendo.

CS Lewis lo expresa de manera excelente en su libro *The Screwtape Letters*, (*Las Cartas de Screwtape)* en el que detalla la correspondencia ficticia entre un demonio mayor, Screwtape, y su sobrino, un espíritu joven llamado Wormwood, que está siendo entrenado en el arte de molestar a la gente y evitar que se conecte con Dios. Parafraseando, Screwtape le dice a Wormwood: "Hagas lo que hagas, asegúrate de mantener a las personas lo más lejos posible del momento presente. Haz que se concentren en su pasado o se concentren en su futuro, pero hagas lo que hagas, no dejes que estén en el presente. El momento presente es uno de nuestros peores enemigos, porque es lo más parecido a la eternidad que la gente jamás experimentará y es donde Dios tiene la mayor oportunidad de influir en ellos."

No podemos estar en casa en el mundo cuando estamos absortos en la preocupación o la ansiedad, o cuando estamos obsesionados con el futuro o el pasado, o deseando estar en otro lugar o ser otra persona. Si no estamos plenamente presentes no podemos ser alcanzados por el amor y la tranquilidad de Dios, porque es aquí donde está Dios: en el presente. Dios es el eterno ahora. Jesús dijo: "Mira las aves del cielo; no siembran, ni cosechan, ni recogen en graneros, y sin embargo, tu Padre celestial las alimenta".[24] La confianza solo opera cuando estás en el presente. Hay una parte hermosa en el libro de Douglas Coupland *Life after God (La vida después de Dios)* donde dice que las aves son un milagro porque "nos demuestran que hay un estado de ser más simple y sutil que podemos esforzarnos por alcanzar".[25]

En tercer lugar, necesitamos cultivar la satisfacción. El contentamiento no significa que no queramos que las cosas sean diferentes o mejores. La satisfacción es la sensación de que estamos en un viaje, siendo quienes somos, haciendo lo que podemos y viviendo de la manera adecuada para nosotros. Es el resultado de vivir de acuerdo a nuestros valores.

Tanto a nuestro alrededor conspira para hacernos sentir descontentos con nuestra vida, para hacernos sentir a disgusto en el mundo: las nociones de felicidad que se basan en adquirir cada vez más y más cosas; las imágenes de cuerpos perfectos, de parejas perfectas, de vidas perfectas que no podemos alcanzar; la sensación de que todos los

---

[24] Mateo 6:26.
[25] Douglas Coupland, *Life after God* (*Vida después de Dios*) (Scribner, 1999).

demás lo están haciendo tan bien y logrando sus objetivos cuando nosotros no; la sensación de que la vida pasa volando y nosotros ni siquiera hemos empezado a vivirla.

El contentamiento es un arte, un estado mental que se puede cultivar. Estos son algunos de mis consejos para aumentar la satisfacción:

Haz un inventario de cosas por las que estás agradecido,
o lleva un diario de gratitud por un par de semanas o un mes. Y asegúrate de dar las gracias.
Conéctate regularmente con la naturaleza. Da paseos por el parque o por el campo.
Evita comparar tu vida con la de otras personas. Ten el valor de ser tú mismo.
Ordena y vacía tu espacio y tu mente siempre que sea posible; mantén una vida simple.
¡Diviértete! Hazle un sitio al placer por el placer.
Pasa mucho tiempo con gente que te quiere solo porque sí.

No pido disculpas por recomendar, una vez más, la Oración de la Serenidad, que es la receta perfecta para una vida feliz:

Dios, concédeme la serenidad para aceptar las cosas que no puedo cambiar;

valor para cambiar las cosas

que puedo,

y sabiduría para reconocer la

diferencia.

Irónicamente, la cuarta forma de sentirse en casa en el mundo es reconciliarse con nuestra mortalidad. Nunca he encontrado esto demasiado fácil de hacer. Amo mi vida. Quiero que siga y siga. A veces la gente me pregunta si asistir a funerales la mayoría de las semanas de mi vida me ayuda a lidiar mejor con mi propia mortalidad. La verdad es que no. Sin embargo, no me queda ninguna duda de que algún día voy a morir. Así que me veo obligado a contemplar esto.

Preferimos evitar hablar de la muerte. Aparte de las ocasiones en las que estamos lidiando con la pérdida de un ser querido o asistiendo a un funeral, el tema de la muerte está ausente en la mayor parte de nuestras conversaciones. Y una vez más, nuestra cultura no nos ayuda, con sus estiramientos faciales y fármacos antienvejecimiento, con su obsesión por mantenernos jóvenes y la evitación a toda costa del tema de la muerte. ¿En qué parte de nuestro sistema educativo aprendemos sobre la muerte y cómo lidiar con ella? ¿Con qué frecuencia se habla de ello en las familias? ¿Qué clase para padres nos ayuda a hablar sobre la muerte con nuestros hijos? No hay un coaching o una pedagogía de la muerte.

Julia es una de las personas que siempre parece estar en casa en el mundo. Junto con nuestro jardinero de la iglesia, Sam Murphy, ella se preocupa por nuestro jardín comunitario y es muy querida. Julia ama la vida. Es interesante, divertida, nunca le falta una palabra de sabiduría para compartir e irradia una sensación de calma. Sin embargo, se está muriendo. Todos nos estamos muriendo, pero ella sabe que su hora no está muy lejana, aunque ha desafiado hasta ahora todas las predicciones. Julia tiene un cáncer inoperable.

Además de ser miembro de mi congregación, es una querida amiga. Y me encanta hablar con ella. Una de las cosas que encuentro más entrañables de Julia es la forma en la que habla de su partida en términos tan prácticos. No sé qué efecto tiene para ella, pero para mí hablar de la muerte de esta manera es una terapia. Es un tópico, pero estar con Julia realmente me enseña la importancia de vivir cada día como si fuera el último. Porque así es como es ella.

John O´Donohue, el deslumbrante escritor irlandés que murió hace unos años, a los cincuenta y tres, incluye en su libro de bendiciones una bendición „Por la muerte", en la que nos incita a preguntarnos cómo podemos vivir el tipo de vida que nos encantaría contemplar al mirar atrás desde nuestro lecho de muerte.[26]

En su afirmación tranquilizadora: "A menos que un grano de trigo caiga en la tierra y muera, este será solamente un grano de trigo; pero si muere, dará muchos frutos"[27], Jesús

---

[26] John O´Donohue, Benedictus: *A Book of Blessings* (*Un libro de bendiciones*) (Bantam Press, 2007).

[27] Juan 12:24.

nos ayuda a ver que la vida está escondida en la muerte. Que los cuerpos depositados en el suelo o esparcidos como cenizas son en realidad semillas; que en algún lugar más allá de lo que podemos ver están apareciendo nuevos brotes, una nueva vida está comenzando a brotar.

No, no creo en un campamento de vacaciones celestial, en una eternidad completamente feliz y relajada, pero creo en un más allá que ya está entre nosotros. No podemos imaginar o anticipar con precisión lo que el cielo va a significar en el futuro, pero podemos comenzar a experimentarlo ahora. Y podemos poner nuestros esfuerzos en convertir el infierno actual de muchas personas en algo un poco más celestial.

11. ¿Dios bueno / Dios malo?
Cómo dar sentido al sufrimiento

La vida es difícil. Ésta es una gran verdad, una de las más grandes verdades.

M. Scott Peck

Ok, lo admito: el título de este capítulo es un poco fraudulento. Realmente no sé cómo darle sentido al sufrimiento. Y, de hecho, no conozco a nadie que lo haga. Personas mucho más inteligentes que yo han escrito volúmenes sobre el tema sin dar con alguna respuesta satisfactoria, así que ¿por qué debería yo hacerlo mejor?

121

Sin embargo, no por eso la pregunta va a desaparecer ¿Cómo podría? Todos los días nuestras pantallas están llenas de imágenes desgarradoras e historias de dolor y tormento sin sentido sobre las que nos sentimos impotentes. Luego está nuestro propio sufrimiento y el de las personas que conocemos y amamos.

Ya sea que esté lejos o cerca, el sufrimiento es terriblemente desconcertante. "¿Por qué?" "¿Por qué a ellos?» «¿Por qué a mí?" "¿Por qué a alguien?»

Sin embargo, lo último que necesitamos, lo último que la mayoría de nosotros queremos, son respuestas limpias y ordenadas, de sabelotodo; especialmente cuando estamos en medio de una muerte súbita, una enfermedad terminal, o de una tragedia sin sentido. Confieso haber tenido ganas de matar a alguien cuando escucho a ciertas personas soltando explicaciones seguras sobre la miseria de otras personas, ¡particularmente cuando hablan desde un púlpito! La única respuesta que tiene sentido en esos casos es el silencio, la presencia silenciosa.

Sin embargo, lo verdaderamente asombroso, lo más impresionante, es la resiliencia con la que tantas personas enfrentan el sufrimiento y el dolor: personas que sin duda se sienten cualquier cosa menos fuertes por dentro, pero que, de alguna manera, continúan amando, dando y esperando frente a la desolación personal.

Tomemos a Marie, por ejemplo, una madre cuyos ojos

me dicen que todavía no se ha recuperado de la pérdida de su hijo Tony después de siete años. Él era un alma atormentada, con un estilo de vida caótico a causa de la drogadicción, que se juntaba con la gente equivocada. Lo conocía bastante bien, aunque solo fuese de pasada. Tenía un gran sentido del humor y a menudo me hacía comentarios juguetones y burlones en la calle acerca del hecho que yo era un cura.

Entonces, un día, Tony me tocó al timbre y me preguntó si podíamos hablar. Esta vez no hubo bromas. Llorando, me dijo cuánto le gustaría que su vida fuera diferente, pero cuán impotente se sentía para lograrlo. Estaba intensamente triste por el dolor que le causaba a su familia, especialmente a su madre. Hablamos del amor y del perdón de Dios y rezamos juntos. Pero la colina era demasiado grande para que él la escalara. Unas semanas más tarde, desapareció. Su cuerpo fue descubierto después de varios días en un rincón oscuro de un aparcamiento subterráneo en desuso. Había tomado una sobredosis.

El corazón de madre de Marie estaba roto. No solo por el fallecimiento de su hijo, sino por la idea de que él muriera solo en ese lugar. Se consoló cuando le conté sobre la visita que me había hecho y su anhelo de cambiar. También le dije que no creía que Tony hubiera muerto solo sino que Dios estaba con él, acurrucándolo en la eternidad, donde podría ser la persona que anhelaba ser. Compartí con ella esa maravillosa línea de *The Cloud of Unknowing (La nube del desconocimiento*), donde el escritor anónimo del siglo XIV dice: "No es lo que eres o lo que has sido lo que Dios mira con sus ojos misericordiosos, sino lo que deseas ser." Las aspiraciones de Tony también eran parte de quién era; quizás la parte más verdadera y profunda.

Siete años de sufrimiento se hacen visibles en los ojos de Marie. Ella se lo llevará a la tumba. Sin embargo, de alguna manera sigue adelante, soportando su dolor pero siendo la madre que el resto de su familia necesita que sea. No trato de encontrar respuestas para personas como Marie. Las palabras serían insoportablemente huecas. Y ella no las necesita. La fuerza de su espíritu ante tal dolor es la mejor respuesta al sufrimiento que conozco.

Elie Wiesel, el escritor judío, cuenta uno de los relatos más conmovedores de la lucha contra el mal y el sufrimiento en su libro *Night* (*La noche*), que es un relato devastador de su experiencia con su padre en los campos de concentración nazis de Auschwitz y Buchenwald.

Relata un episodio en el que dos hombres y un niño son colgados en el campo ante los ojos de los prisioneros allí reunidos. Los hombres gritan „¡Viva la libertad!" y mueren rápido. El niño está callado.

"¿Dónde está Dios? ¿Dónde está Él?», Preguntó alguien detrás de mí.
A la señal del jefe del campamento, las tres sillas se volcaron.

Silencio total en todo el campo de concentración. En el horizonte se estaba poniendo el sol.

.... Los dos adultos ya no estaban vivos... Pero la tercera cuerda todavía se movía; siendo tan delgadito, el niño seguía vivo... Durante más de media hora permaneció allí, luchando entre la vida y la muerte, muriendo en lenta agonía bajo nuestros ojos...

Detrás de mí, escuché al mismo hombre preguntar: «¿Dónde está Dios ahora?»

Y escuché una voz dentro de mí responderle: «¿Dónde está? Aquí está. Está colgado aquí en esa horca...”

Aquella noche, la sopa sabía a cadáveres.[28]

Como señala el teólogo alemán Jürgen Moltmann, Wiesen describe esta horrible realidad en términos muy simbólicos. El niño es descrito como "un ángel de ojos tristes". Las tres víctimas asesinadas y el sol poniente nos recuerdan la muerte de ese otro judío, Jesús, en el Gólgota. Pero la sopa que sabía a cadáveres no apunta a ninguna Pascua. La respuesta a la pregunta "¿Dónde está Dios?" viene a través de "una voz dentro de mí", como la voz de Dios en un profeta.[29]

Pero, ¿qué revela esa voz? ¿Qué está diciendo Wiesel realmente sobre este dramático acontecimiento? Se puede

[28] Elie Wiesel, *Night (La Noche)*(Bantam Books, 1982).

[29] Jürgen Moltmann, *God for a Secular Society* (*Dios para una sociedad secular*) (SCM Press, 1999).

interpretar de dos formas. Por un lado, puede indicar que Dios es la víctima; que Dios muere allí, de una vez y para siempre, en el niño inocente de ojos tristes. En otras palabras, ante tal horror es imposible seguir creyendo en Dios. Wiesel escribe: "Nunca olvidaré los momentos que asesinaron a mi Dios y a mi alma. Nunca olvidaré las llamas que consumieron mi fe para siempre".

La otra interpretación posible es que Dios está presente en el sufrimiento del niño; que donde ese niño sufre tormento, Dios también es atormentado; que donde ese niño muere, Dios también sufre la muerte del niño. "Si hago mi cama en el Sheol (infierno), ahí estás", escribe el salmista.[30] Dios estaba allí, en el infierno de Auschwitz, pero no como el Todopoderoso, el Señor de la historia, sino como una víctima entre millones de víctimas. Y el niño judío no murió solo, no fue abandonado por Dios sino que Dios sufrió con él.

Elie Wiesel, resumiendo la historia, concluye: "No podemos entenderla con un Dios. Y no podemos entenderla sin él".

Creo que ambas interpretaciones tienen sentido en sus diferentes formas. Cuando un padre cuya hija había sido violada y asesinada me gritó: "¡No me hables de Dios!» algo en el fondo de mí decía: «Sí. Estoy de acuerdo». Pero también me enfrento a personas como Gordon Wilson, quien tomó la mano de su hija mientras agonizaba después del atentado

[30] Salmo 139: 8.

de Enniskillen, cuya fe en Dios no se vio afectada por lo que sucedió. Al relatar sus últimas palabras, «Papi, te quiero mucho», él continúa diciendo, "Pero no guardo rencor. No guardo resentimiento... Ella está en el cielo y nos volveremos a encontrar. Rezaré por esos hombres esta noche y todas las noches".

La forma más básica de darle sentido al sufrimiento es ser honesto contigo mismo y con Dios. Descubrir una religión desde las entrañas, no desde la mente. No sirve de nada fingir, no sirve de nada decir las palabras "correctas", no sirve de nada retorcer nuestras emociones o simplemente tratar de adoptar una buena perspectiva "cristiana". Tenemos que ser emocionalmente auténticos.

El libro de los Salmos en la Biblia ha sido el libro de oraciones de judíos y cristianos durante siglos. En muchos lugares impacta su desgarradora honestidad.

Tomemos el Salmo 137, por ejemplo, que comienza con la línea inmortalizada por Boney M: "Junto a los ríos de Babilonia, allí nos sentamos y allí lloramos cuando recordamos a Sion". No dejes que la melodía pegadiza y el ritmo del baile te absorban: el Salmo 137 es un lamento malhumorado de un alma enojada que ha sido secuestrada y obligada a vivir en una tierra extranjera. Su ira se desborda cuando grita contra sus captores: "¡Felices serán los que tomen a tus pequeños y los arrojen contra la roca!" (Ahora puedes ver por qué Boney M cortó ese trozo).

Pero espera. No fuimos nosotros los que fuimos tomados como rehenes; no fueron nuestros hijos los que fueron masacrados por un enemigo invasor; no fueron nuestras casas las que fueron saqueadas y quemadas hasta los cimientos. ¿Es así como se sienten los padres de las víctimas del asesino de los páramos?[A] Mis sentimientos liberales me dispusieron a ver a Myra Hindley, una asesina convicta, liberada antes de morir. Pero no fueron mis preciosos hijos los que fueron arrebatados y brutalmente asesinados, y sus frágiles cuerpos enterrados en tumbas poco profundas en los fríos y solitarios páramos de Saddleworth.

El libro de los Salmos no solo contiene una religión pulida y alegre; expresa también una pasión ardiente, honesta hasta la médula. "¿Por qué, Dios?" Es un tema común en los Salmos, junto con variaciones de la pregunta "¿Dónde diablos estás, Dios?" En medio del dolor, puede ser difícil distinguir dónde está Dios. Entonces, a veces, la oración significa tener a alguien a quien gritar; en otras ocasiones, alguien en quien apoyarse; y la mayoría de las veces, una mezcla de ambos.

Pero a menudo Dios viene en forma de otra persona. Puede ser un amigo, nuestra pareja o un cuidador profesional

---

[A] Las víctimas del asesinato de los páramos = Ian Brady y Mrya Hindley mataron a cinco niños entre julio de 1963 y octubre de 1965 en Manchester, Inglaterra y sus alrededores. Los cuerpos de algunos de los niños se han encontrado donde fueron enterrados, en las cercanías de Saddleworth Moors (Los páramos de Saddleworth). Es posible que los otros niños también estén allí, pero nunca se han encontrado sus cuerpos.

al que le gritamos y en quien nos apoyamos. El sufrimiento puede ser muy aislante; el dolor es profundamente personal. Entonces, descubrir una compañía dentro del sufrimiento marca una gran diferencia. Y el punto en el que elegimos compartir nuestro sufrimiento puede ser crucial, no solo para nosotros, sino también para la otra persona que puede desear ser parte de nuestro dolor.

Sin embargo, hace mucho tiempo que aprendí, como amigo y como vicario, que rara vez es un consejo lo que la gente busca o necesita en su sufrimiento. Al principio de mi ministerio, un padre joven de la iglesia murió de cáncer, dejando a una esposa afligida y dos niños pequeños desconcertados. Poco después de su muerte, al final de un servicio, su esposa apareció en la iglesia. Sentí que no podía enfrentarme con ella. No podría enfrentar su dolor sin algo sabio o profundo que decirle que pudiera mejorarlo. Así que hacía ver que estaba ocupado y esperé que ella fuese a hablar con otra persona. Pero nuestras miradas se encontraron y al momento siguiente nos estábamos dando un abrazo. Ella sollozó,., y yo lloré. Luego me miró y silenciosamente y me dijo: "Gracias". No era necesario decir nada. Una compañía en el sufrimiento puede que no le dé sentido al dolor, pero lo divide a la mitad.

También ayuda reconocer que la mayor parte del sufrimiento es aleatorio. No mereces estar enfermo; la gente del sudeste asiático no merecía un tsunami; los residentes de Christchurch no merecían un terremoto. ¡Vivimos en un mundo donde "la mierda ocurre"! Sí, a veces hacemos cosas u otras personas hacen cosas que causan sufrimiento, pero si miramos esto de una manera simplista de causa y efecto, estamos en problemas. Especialmente si está relacionado con alguna noción de retribución divina en el sufrimiento, como un televangelista ridículo que sugería que Haití merecía un terremoto porque hizo un pacto con el diablo al practicar el vudú.

El problema es que, si creemos en un Dios trascendente «allá afuera» en algún otro lugar, «arriba en el cielo», por ejemplo, decidiendo sobre una u otra base, si «intervenir» o no en las situaciones humanas, tenemos que tomar lo malo y lo bueno. El Todopoderoso puede decidir bendecirnos con un lindo auto nuevo o, de manera alternativa, dejar que nuestro hijo muera en un accidente automovilístico.

Pero, ¿qué otro tipo de Dios se nos ofrece? ¿Una deidad desinteresada, que dio cuerda al reloj, por así decirlo, y luego dejó que el mundo funcionase por sí mismo mientras él se ponía a hacer otra cosa? No creo ni en el "jefe controlador" del cielo, ni en el relojero cósmico despreocupado. Me inclino más en creer en un Dios que interactúa con el mundo en amor; que está radicalmente involucrado e incrustado en nuestro dolor y sufrimiento; el Dios que comparte el tormento del "niño de ojos tristes", que enciende en Marie la esperanza de seguir viviendo y que inspira a Gordon Wilson a combatir el odio con amor y perdón.

¿Dios bueno / Dios malo?

¿Por qué suceden cosas diabólicas? ¿Por qué murió la hija de diecisiete años de mis amigos en un accidente automovilístico? ¿Por qué a la gente del Cuerno de África se les maldice con otra sequía? ¿Por qué aquel niño contrajo cáncer? ¿Por qué mueren cuatro millones de bebés en el primer mes de su vida? Hay muchas respuestas a estas preguntas. Ninguna de ellas ayuda demasiado a las víctimas o a sus seres queridos. En mi experiencia, son los espectadores quienes tienden a preguntar: «¿Por qué?» Las personas que sufren es más probable que se pregunten dónde pueden encontrar ayuda o cómo se las arreglarán de ahora en adelante. En última instancia, no se trata de obtener una respuesta a una pregunta teórica, sino de compañía: un Dios que comparte nuestro sufrimiento y nos ayuda a sobrellevar nuestras penas.

Cuando el tsunami azotó Tailandia, me interesó escuchar a un comentarista local decir que eran las personas que estaban lejos del desastre las que se estaban cuestionando la presencia de Dios. En el lugar de los hechos, añadió, era la oración lo que mantenía en pie a muchas personas.

El mayor desafío es utilizar nuestro sufrimiento para hacer del mundo un lugar mejor. Les Persaud es un ejemplo asombroso de esto. Cuando su hijo Stefan fue brutalmente asesinado, se sentía trastornado por la ira y la venganza cuando estaba con los amigos de Stefan. Entonces, en lugar de ahogarse en su dolor, Les encontró la fuerza para reunir a los amigos, que también estaban sufriendo por la pérdida

131

de su hijo, para ayudarlos a construir un futuro mejor. Se comprometió a guiarlos para que alcanzasen su potencial de una manera que su hijo nunca lo había hecho. Después de cinco años, doce han completado la universidad (cinco van a la universidad), dos están entrenando para ser entrenadores de la FA (federación de fútbol) y hasta ahora ninguno ha infringido la ley.

Los amigos de Les y Stefan todavía se encuentran los martes de cada noche, y varios de ellos han formado una empresa llamada "Potential" para darles a otros jóvenes lo que Les les ha inculcado a ellos: la creencia de que en la vida se trata de tomar las decisiones correctas. Van a las escuelas para aportar estrategias a los jóvenes para hacer frente a los cuchillos, las armas y las pandillas. Les perdió un hijo, pero se convirtió en el padre de muchos.

Victor Frankl, el psicoterapeuta judío y sobreviviente del Holocausto, pasó tres años en un campo de concentración, viviendo bajo la sombra de la cámara de gas. Concluyó que incluso en la situación más absurda, dolorosa y deshumanizada, la vida tiene un significado en potencia y que, por lo tanto, incluso el sufrimiento tiene sentido. Pero argumentó que el ser humano es un "ser que toma decisiones"; es posible que no podamos determinar qué nos sucede, pero podemos decidir cómo reaccionar ante lo que nos sucede. Al recordar los días oscuros de su encarcelamiento, escribió:

Los que vivíamos en campos de concentración recordamos a los hombres que caminaban por las chozas consolando a otros, regalando su último trozo de pan. Puede que hayan sido pocos en número, pero ofrecen prueba suficiente de que a un hombre se le puede quitar todo menos una cosa: la última de las libertades humanas: elegir la actitud de uno en cualquier conjunto de circunstancias, elegir su manera de afrontarlas.[31]

No existe una explicación teórica satisfactoria para el sufrimiento. ¿Por qué Dios lo permite? Jürgen Moltmann comenta que cualquier respuesta a esta pregunta que comience con "porque" se burla de los que sufren y blasfema contra Dios. No podemos responder a la pregunta en este mundo, pero tampoco podemos dejarla sin respuesta. Tenemos que vivir con ella, como si fuera una herida abierta en nuestra vida.

[31] Victor Frankl, *Man´s Search for Meaning (El Hombre en Busca de Sentido)* (Simon & Schuster, 1984).

12. Un ala y una oración

Cómo hablar con dios

No creo en la oración; Solo lo hago.

Sam Keen

Cuando Ben Kinsella fue asesinado a puñaladas a la vuelta de la esquina de la iglesia de San Lucas, el hecho sacudió a la comunidad, especialmente a los jóvenes locales. Ben era un apreciado joven de dieciséis años, la vida y el alma de su clase. Se encontraba fuera con sus compañeros celebrando el final de sus exámenes cuando fue atacado y asesinado por una pandilla de chicos. Irónicamente, él había escrito una

135

carta al Primer Ministro como parte de su curso de inglés GCSE,[B] (General Certificate of Secondary Education) sugiriendo posibles soluciones a la reciente avalancha de delitos relacionados con arma blanca.

Una semana después del asesinato, se llevó a cabo una vigilia con velas a las 2 a.m., hora en que fue asesinado Ben, en el lugar donde tuvo lugar el ataque. Fue un espectáculo conmovedor: cientos de personas, muchos de ellos adolescentes, se reunieron en la esquina de una calle del norte de Londres, portando todo tipo de velas y linternas que puedas imaginar. Las lágrimas fluyeron mientras toda la comunidad seguía aún en estado de shock, el sonido de los murmullos no era tan fuerte como para enmascarar los lamentos de angustia. Se encendieron velas, se colocaron flores y se guardó un minuto de silencio. Se escribieron mensajes con tinta negra en las losas del pavimento y se garabatearon en las camisetas blancas del Arsenal Football Club, incluso en algunas bragas blancas.

Convocada en Facebook, según las estimaciones esta fue una oración poderosa donde una conmovedora letanía de dolor, ira y tributo encontró un discurso silencioso hecho de pétalos, pequeñas llamas, tinta de rotulador y lágrimas.

No era un encuentro religioso, pero resultó serlo profundamente. Y el cielo tomó en cuenta esta elocuente ofrenda nocturna.

[B] GCSE, (General Certificate of Secondary Education) Certificado General de Educación Secundaria (exámenes realizados por estudiantes de alrededor de 16 años).

Un ala y una oración

La oración es una de las actividades más democráticas que se me ocurren. Nadie es dueño de la oración. Nadie puede dictar cómo se debe ofrecer la oración ni quién debe hacerlo. Cualquiera puede rezar: en cualquier lugar, en cualquier momento y de la forma que desee. No hay una forma correcta o incorrecta de hacerlo, no se requiere una determinada fórmula de palabras. Quizás se haga sin palabras. No es necesario rezar en una iglesia, mezquita, sinagoga o con algún funcionario especial presente. Es hablar desde el alma, transmitir la voz de nuestro yo más profundo y verdadero a través de cualquier lenguaje o gesto que escojamos.

En su maravilloso libro *Eat, Pray, Love*, Elizabeth Gilbert describe su odisea espiritual de un año, una "búsqueda de todo", que la llevó alrededor del mundo. La historia comienza con la ruptura de su matrimonio y una escena en la que ella se encuentra en el suelo del baño en medio de la noche, angustiada y lista para hacer lo impensable: ¡rezar! Es su primera incursión en la oración, por lo que no está completamente segura del protocolo:

"Hola, Dios. ¿Cómo estás? Soy Liz. Encantado de conocerte."
Así es, le hablaba al creador del universo como si nos acabaran de presentar en un cóctel…. De hecho, era todo lo que podía hacer para impedirme a mí misma

decir: "Siempre he sido una gran admiradora de tu trabajo..."

Recomponiéndose, continúa:

"Lamento molestarte tan tarde en la noche, pero estoy en serios problemas. Y lamento no haberte hablado directamente antes... no soy una experta en la oración, como sabes. ¿Pero puedes ayudarme por favor? Necesito ayuda desesperadamente. No sé qué hacer. Necesito una respuesta. Por favor dime qué hacer. Por favor dime qué hacer. Por favor dime qué hacer.»

Su oración se redujo a esta simple petición, "Por favor, dime qué hacer", repetida una y otra vez.

Pero después de un rato, dejó de suplicar y sollozar y solo escuchó esta voz en su cabeza. No una "voz especial como de Charlton Heston en El Antiguo Testamento de Hollywood", sino su propia voz, hablando como nunca antes la había escuchado: perfectamente sabia, tranquila y compasiva. "Vuelve a la cama, Liz", decía. "Lo único que debes hacer por ahora es descansar un poco y cuidarte bien hasta que sepas la respuesta".[32]

---

[32] Elizabeth Gilbert, *Eat, Pray, Love* (*Come, reza, ama*) (Penguin, 2006).

El suelo del baño fue un punto de inflexión para Elizabeth Gilbert: una noche oscura del alma, un momento de transformación. Pero insiste en que no fue una conversión religiosa, más bien fue el comienzo de una conversación religiosa; las primeras palabras de un diálogo abierto que la acercaría mucho a Dios.

Pero, ¿y si no estamos seguros de Dios? ¿Todavía podemos rezar? ¿Tendrá esto algún sentido? Si, absolutamente. Creo que la mayoría de nosotros ya rezamos con bastante frecuencia, tanto si lo consideramos una oración como si no: el gesto de dolor ante el dolor de otra persona; la chispa de alegría ante la alegría de otra persona; el silencio interior cuando sucede algo muy bonito o algo muy malo; lo que sea que sintamos cuando sentimos un profundo anhelo o una profunda felicidad. Todo esto a su manera es oración; es el alma hablando.

Alguien con quien hablé recientemente me dijo que no podía creer en Dios, y por eso luchaba para decirle a su amiga enferma que estaba orando por ella. Sin embargo, quería rezar por ella. Así que, en cambio, le dijo: «Te estoy enviando buenos pensamientos». De manera similar, en Holy Joes (la iglesia que dirigí en un pub), sugerí que las personas que luchaban con el lenguaje para referirse a la oración dijeran: «Deseo que...» en lugar de «Rezo por...» Esto es esencialmente lo que es una oración: un deseo, un buen pensamiento, un sentimiento, un anhelo.

Y sea lo que sea, la oración es una forma importante de hablar contigo mismo. ¡No lo descartes! Creo que es muy triste que pasemos gran parte de nuestra vida sin una conversación decente con nosotros mismos.

Sospecho que esto es a lo que se refiere Douglas Coupland en su libro *Life After God (La Vida después de Dios)*, donde su personaje principal dice:

A veces pienso que las personas por las que deberíamos sentir más tristeza son aquellas incapaces de conectarse con lo profundo de sí mismos, como mi aburrido cuñado, un tipo cordial tan preocupado por la normalidad y por encajar que elimina cualquier posibilidad de singularidad para su ser y su persona. Me pregunto si algún día despertará, cuando sea más mayor, y la parte más profunda de él se dará cuenta de que nunca se ha permitido existir de verdad, y entonces llorará con dolor, vergüenza y arrepentimiento.[33]

La oración es solo esto, una forma de conectar con lo profundo, la parte más profunda de nosotros, la parte que anhela, espera, se deleita y tiene hambre. Sin tocar esto, simplemente patinamos sobre la superficie de la vida. No nos permitimos verdaderamente existir.

[33] Douglas Coupland, *Life after God (La Vida después de Dios)* (Scribner, 1999).

Tomemos a Jim, por ejemplo, un hombre con su propio negocio que constantemente se metía en líos con sus empleados y sus clientes por igual debido a su mal genio. Después de dedicar un tiempo a realizar un trabajo interior con la ayuda del Eneagrama, comenzó a lidiar con algunas de las razones de su enojo. Luego desarrolló la práctica diaria de salir temprano por la mañana al trabajo y aparcar junto a un lago de la localidad durante veinte minutos. Observando a los cisnes y el progreso del ritmo de la naturaleza a lo largo del año descubrió una calma interior que transformó su vida y sus relaciones. En lugar de despejarse la sala cuando entraba, la gente quería estar con él; su energía apasionada se transformó de agresión en apoyo. Jim no es religioso pero ora todos los días y es transformado en el proceso.

¿Por qué no desarrollar el hábito: habla contigo mismo sobre lo que has hecho y lo que no; sobre quién eres y quién desearías ser? Habla sobre las personas que amas y sobre las que no amas. Habla contigo mismo sobre las cosas que más te importan. Y escucha tus sentimientos ocultos sobre todas esas cosas.

Incluso si crees que nadie escucha cuando rezas, al menos tú sí estás escuchando. Pero créeme, alguien te está escuchando. La oración es más que hablar contigo mismo. Al abrirnos a nuestro interior espacioso para expresar nuestras preocupaciones, nuestros anhelos, nuestras esperanzas y aspiraciones, también nos abrimos a Dios.

¿Significa esto que debemos esperar a que Dios conteste nuestras oraciones? ¿Deberíamos imaginar que ocurren milagros? Bueno, he visto suficientes milagros menores en mi vida como para no descartarlos. Sin embargo, no creo que la oración sea como hacer un pedido en Internet: eliges tu producto y luego te sientas a esperar a que llegue.

Francamente, oro por las personas y las situaciones porque no sé qué más hacer. Lloro (a veces literalmente) por mi amigo que se está muriendo de cáncer; Repito peticiones como si fueran mantras, enciendo velas y escribo peticiones en tableros de oración. ¿Creo que ella mejorará? Probablemente no. Pero tengo que hacerlo. Definitivamente me ayuda. Y estoy seguro de que a ella también le ayuda saber que la gente está orando por ella. Como alguien ha dicho, «La oración nunca tuvo la intención de ser mágica... es un acto de amor». ¿Y quién sabe...?

Se han realizado varios experimentos científicos para tratar de establecer si la oración es eficaz. El resultado no es del todo concluyente, en parte porque Dios puede no querer cumplir necesariamente con las condiciones de tales pruebas. Sin embargo, el Dr. Peter Fenwick, un destacado consultor neuropsiquiatra británico, concluye que actualmente hay suficientes estudios para demostrar que la oración puede funcionar, tanto es así que cree que se debe considerar la presencia de grupos de oración en un hospital.

Esencialmente, la oración es una actitud del corazón,

por lo que puedes orar de la forma que consideres correcta. Las palabras son el medio más conocido de oración, pero dudo que sea el más común. La oración puede encontrar expresión en casi cualquier gesto o actividad humana: una gentil señal de la cruz, una mano tendida, un cálido abrazo, el encendido de una humilde vela, una taza de té, un mensaje garabateado en una losa, el lanzamiento de una flor, un brazo sobre un hombro, un correo electrónico, un puñado de tierra arrojada a una tumba. Cuando unos padres adorables me pasaron a su bebé en la pila bautismal ayer, eso fue una oración. Cuando la pareja de al lado se besó antes de ir a trabajar, eso fue una oración. Cuando un cirujano siente compasión por su paciente antes de insertar el cuchillo, eso es una oración.

El monje carmelita del siglo XVII llamado hermano Lawrence, dejó una colección de escritos publicados más tarde con el título *La práctica de la presencia de Dios*. Su tema constante es la presencia de lo divino en todos los aspectos de la vida. Dios está en todas partes y todo puede ser un acto de oración.

El hermano Lawrence confesó no ser bueno en las oraciones establecidas. Mientras él completaba diligentemente las tres horas de oración y meditación requeridas a los monjes, era en las tareas mundanas donde realmente encontraba a Dios: hornear panqueques para sus hermanos monjes, servirles vino, remendar sus zapatos, estas eran las prácticas que en forma de oración lo conectaban con Dios. "Me basta con recoger una pajita del suelo por el amor de Dios", afirmó.

Una de las prácticas más difíciles de la oración es aprender a guardar silencio. Vivimos en un mundo de ruido y charla constante, con poco espacio para la quietud. De hecho, para muchos de nosotros, el silencio es amenazante; preferimos rodearnos de ruido y evitar quedarnos quietos. Pero abrazar el silencio es una forma de abrirnos. Esto es la oración: la práctica de abrirnos a Dios, escuchar nuestro propio corazón y estar atentos al dolor y al sufrimiento de los demás.[34]

También podemos ver la oración como una forma de co-creación con Dios. No hace mucho tiempo se veía al mundo como un gran engranaje y la oración requería a Dios para que interfiriera en el funcionamiento de las cosas. Pero con la física cuántica, la imagen de la máquina ha sido reemplazada por una comprensión del mundo como una vasta red interconectada donde pequeñas fluctuaciones a nivel cuántico pueden tener efectos dramáticos en otros lugares. Dentro de esta nueva imagen, ¿quién sabe el efecto que puede tener la oración? Si una mariposa batiendo sus alas en Londres puede causar un huracán en China, entonces, ¿alguien orando podría liberar energía para la curación de otra persona?

Llámalo física cuántica, llámalo misterio, llámalo oración. Yo, por mi parte, seguiré orando y seguiré deseando.

---

[34] Para prácticas específicas de oración contemplativa y meditación, ver el Apéndice 1.

13. ¿Escribió Dios algo más?
Cómo leer la Biblia y otros buenos libros

Nunca coloques un punto donde Dios ha puesto una coma. Dios continúa hablando...

- Gracie Allen

Howard Thurman, consejero espiritual de Martin Luther King, cuenta una historia conmovedora y reveladora sobre su abuela y la Biblia:

Mi tarea habitual era hacer toda la lectura para mi abuela, pues ella no sabía ni leer ni escribir ... Con un sentimiento de gran temeridad le pregunté un día por qué no me dejaba leer ninguna de las epístolas paulinas. Lo que me dijo nunca lo olvidaré. «Durante los días de la esclavitud», dijo, «el sacerdote del amo en algunas ocasiones celebraba misas para los esclavos... El sacerdote blanco siempre usaba algún texto de San Pablo. Al menos tres o cuatro veces al año usaba lo siguiente como texto:» Esclavos sean obedientes a los que son sus amos... como lo sois a Cristo. «Entonces él nos mostraba cómo, si éramos buenos y felices esclavos, Dios nos bendeciría. Prometí a mi Creador que si alguna vez aprendía a leer y si alguna vez llegaba la libertad, nunca volvería a leer esa parte de la Biblia.[35]

El texto del predicador estaba en la Biblia, seguro. Pero la mujer lo impugnó. Ella creía que si la Biblia no concordaba con su comprensión de un Dios de amor que había creado a todos los seres humanos iguales, entonces la Biblia estaba equivocada.

A decir verdad, la Biblia ha servido a algunas causas bastante horrendas a lo largo de los siglos. Durante mil cuatrocientos años se utilizó para retratar a los africanos como maldecidos por Dios y para justificar su esclavitud. Se citó para autorizar la caza de brujas en Europa y América del

---

[35] Howard Thurman, *Jesus and the Disinherited* (*Jesús y los desheredados*) (Abingdon Press, 1949).

Norte, donde decenas de miles de mujeres (principalmente) inocentes fueron masacradas en el nombre de Dios. Se utilizó para justificar el apartheid y el antisemitismo. Y todavía se usa en varios sectores para mantener a las mujeres subordinadas a los hombres, oprimir a los homosexuales y abusar del mundo natural.

Eso es todo un récord para un libro comúnmente llamado "El buen libro". Lo que simplemente plantea la pregunta: ¿bueno para quién?

Pero hay otra cara de la historia. La Biblia también ha sido la base de muchas reformas importantes en el mundo. Ya en el siglo IV inspiró a Gregorio de Nisa a condenar la esclavitud. En el siglo XIX, llevó a personas como William Wilberforce y John Newton a luchar por la abolición de la trata de esclavos. Ha inspirado a la gente a luchar contra la pobreza y la injusticia, a defender la igualdad entre hombres y mujeres. Más recientemente, ha figurado en todo tipo de movimientos por la justicia, el comercio justo, la paz y el cuidado de la tierra.

Claramente, la Biblia se usa y se abusa para servir a muchas agendas diferentes; su poder radica en el hecho de que se la considera la Palabra de Dios, lo que le otorga una autoridad única. Si la abuela de Howard Thurman hubiera revelado cuando era esclava que rechazaba lo que la Biblia y el predicador enseñaban, habría sido severamente reprendida, por decir poco. ¡Discutir con la Sagrada Escritura puede meterte en muchos problemas!

Pero, ¿es la Biblia la Palabra de Dios? Bien, ciertamente no en el sentido de que Dios tomó pluma y tinta (u ordenador portátil e impresora) y se puso a escribirla. Ni Dios la dictó a los escritores, como creen los fundamentalistas. La Biblia es un libro humano, escrito por hombres falibles que representaban las limitaciones y preconcepciones de su tiempo y cultura, y que no tenían ni idea de que lo que estaban escribiendo sería algún día considerado Sagrada Escritura. La directiva para que los esclavos obedecieran a sus amos, al igual que la otra instrucción de Pablo para que las esposas se sometieran a sus maridos, es un reflejo de las actitudes sociales de la época, y no de la Palabra de Dios. La abuela de Thurman tenía toda la razón al discutirlo.

Entonces, ¿qué vamos a hacer con la Biblia? Frederick Buechner ofrece una valoración magnífica y única cuando escribe lo siguiente:

De forma resumida, una forma de describir la Biblia, escrita por muchas personas diferentes durante un período de más de tres mil años, sería decir que es una colección desordenada de sesenta y tantos libros, que a menudo son tediosos, bárbaros y oscuros, y que están plagados de contradicciones e inconsistencias. Es un libro abonado con todo tipo de compost putrefacto, un guiso irlandés de poesía y propaganda, derecho y leyes, mito y oscuridad, historia e histeria.

¿Escribió Dios algo más?

A lo largo de los siglos, se ha asociado irremediablemente con el evangelismo apasionado y con una piedad tediosa, con una superstición anticuada y un moralismo estricto, con el autoritarismo eclesiástico y con una literalidad paralizante.[36]

Un "abono putrefacto" no suena exactamente halagador, hasta que reflexionamos que el abono son los restos en descomposición de materiales orgánicos llenos de minerales ricos y fertilizantes naturales. En un nivel, la Biblia es un montón de sobras, restos en descomposición de antiguas luchas por comprender a Dios en formas que parecían relevantes en ese momento. No podemos reconstruir ese pasado, ni deberíamos desear hacerlo, pero en nuestros esfuerzos por comprender a Dios de nuevo en nuestra época, podemos aprovechar los ricos nutrientes espirituales del pasado a través de la «colección desordenada» de documentos a la que llamamos Las Sagradas Escrituras.

En mi opinión, es absurdo imaginar que la Biblia es literalmente la Palabra de Dios, o que es, en cualquier sentido, infalible. Y de hecho, la Biblia nunca afirma esto por sí misma. La Biblia es una colección de escritos humanos sobre personas que son tanto agradables como claramente desagradables, personas que pueden ser al mismo tiempo creyentes e incrédulos, santos y pícaros, y que están a la

[36] Frederick Buechner, *Beyond Words* (*Más allá de las palabras*) (HarperSanFrancisco, 2004).

vez llenos de esperanza y de desesperación, como nosotros mismos. También es un libro sobre Dios, a veces un Dios en el que puedo creer; otras veces uno en el que no puedo poner mi fe. Sin embargo, en medio de sus luchas, inconsistencias y contradicciones, la Biblia de alguna manera nos habla atemporalmente sobre nuestra búsqueda de significado y de sabiduría divina.

Como dijo una vez el gran teólogo suizo Karl Barth, la Biblia está "preñada de revelación divina": cada vez que me habla (que es a menudo), la Palabra de Dios "nace" de nuevo en mi corazón.

Sin embargo, la Palabra de Dios no se limita a la Biblia. Otro de los «libros» de Dios es el libro de la naturaleza, a menudo llamado el «segundo libro» de Dios, aunque en realidad fue escrito primero. Mucha gente se siente más cercana a Dios en la naturaleza que en la iglesia. Probablemente yo soy uno de ellos. Nada transmite tanto la maravilla de Dios como la Vía Láctea en una noche fresca y oscura, o como una telaraña en el jardín centelleando con la el rocío iluminado por el sol en una brillante mañana de otoño. Incluso una mascota familiar, como nuestro perro Woody, puede transmitir poderosamente un sentido de la compañía incondicional de Dios. Los amantes de la naturaleza y los científicos, cada uno a su manera, son partícipes de la magnífica liturgia del universo. Como comentó una vez Galileo, la curiosidad científica es en realidad una investigación del segundo libro de Dios.

Pero el Espíritu Santo es la inspiración detrás de muchos «libros», ya sean textos religiosos como el Corán y el Bhagavad Gita, u otros escritos espirituales como *El Profeta* de Khalil Gibran. O también detrás de la música, la pintura, la escultura, la poesía o el teatro, el cine y la literatura convencionales. Personalmente, me ha sobrecogido la presencia divina en el Gran Cañón y en los valles de Yorkshire. He escuchado a Dios en la voz dorada y en la composición de las canciones de Leonard Cohen, y mi espíritu se ha elevado con santa emoción en un concierto de Faithless, escuchando a Maxi Jazz cantar: "Esta es mi iglesia. Aquí es donde curo mis heridas».

Ni la Iglesia ni la Biblia tienen el monopolio del Espíritu Santo. Dios no empezó a hablarnos con el libro del Génesis y dejó de hacerlo con el libro del Apocalipsis. La inspiración divina está en todas partes. Dondequiera que los corazones y las mentes se agiten al contemplar la profundidad y la maravilla de la existencia, dondequiera que la imaginación trascienda lo mundano para vislumbrar más allá, dondequiera que los rumores de gloria se infiltren en la conciencia humana, dondequiera que la noche oscura del alma brille con nueva esperanza, el Espíritu nos toca como inspiración divina.

Sin embargo, la Biblia todavía tiene un lugar único en la espiritualidad cristiana. Es el libro de la Iglesia, el texto clásico, fundamental para la forma y el contenido de la fe cristiana. Pero es un libro peculiar de una época y una cultura que nos son ajenas, y que requiere cierta habilidad y sensibilidad para poder leerla e interpretarla.

El requisito más básico en la lectura de la Biblia es estar dispuesto a apostar a que Dios merodea por sus páginas. Sería estúpido coger un libro, ver una película o una obra de teatro sin esperar que tenga algo que ofrecernos. Cada vez que compro una entrada para un concierto o espectáculo, apuesto a que será un tiempo bien empleado. Pero una lectura fructífera de la Biblia requiere de algo más: la perspectiva de que dentro de su lejano mundo algo de importancia crucial espera para ser desenterrado e interpretado.

Uso la palabra "apostar" deliberadamente. El Dios de la Biblia no se puede probar teóricamente como un hecho científico. Nada debe tomarse con fe ciega (de forma acrítica), sin embargo, no podemos progresar sin buena fe (una genuina apertura y receptividad a lo que sea o a quien sea que se revele dentro y más allá de la página escrita). La apuesta, entonces, es simple: que dentro de la humanidad desordenada de la Biblia, y a pesar de sus inconsistencias y contradicciones, hay un testimonio genuino de la presencia de lo absoluto en la historia.

¡Te reto a que lo pruebes!

El segundo requisito es realmente una extensión del primero: el compromiso de leer la Biblia tanto de manera crítica como receptiva. Estos dos elementos ciertamente caracterizan mi propia relación con la Biblia. A lo largo de los años la he amado y odiado de diversas maneras, la escuché y la ignoré, me irritaba y me cautivaba. A veces he tenido ganas de tirarla, a veces me ha resultado imposible dejar de leerla. Para mí es un amigo íntimo y a la vez un completo extraño; una fuente de inmensa inspiración y la causa de constantes molestias. Es una relación de tira y afloja. Siempre que trato de alejarme de la Biblia, me encuentro inevitablemente atraído de nuevo hacia ella. Me repugnan muchos sentimientos expresados en sus páginas y algunas de sus representaciones de Dios, sin embargo también me inspira y da cuenta de mis más altas y preciadas visiones de quién es Dios. Y de una forma curiosa me llama, constantemente, a ser mejor persona de lo que soy.

Es esencial hacerse preguntas profundas de la Biblia. Por ejemplo, el pasaje donde dice que el Señor le dijo a Moisés que apedreara a un hombre hasta matarlo por recoger leña en sábado suena demasiado ridículo expresado en palabras. Quizás Moisés imaginó que el Señor le decía esto, pero si fuera cierto, yo me pasaría la eternidad despotricando contra una deidad tan espantosa. Una lectura crítica de tal pasaje me anima a contemplar los males del fanatismo religioso que todavía se realizan en nombre de Dios.

Pero es fácil descartar aspectos de la Biblia al juzgarlos crudamente a la luz de las actitudes de hoy en día: por ejemplo, asumir que San Pablo fue un misógino por esperar que las mujeres se sometiesen a sus maridos. Dejando de lado la cuestión crítica de si Pablo realmente escribió esto, el hecho es que no se puede esperar que los cristianos del primer siglo reflejen una visión posfeminista de las relaciones familiares. Sin embargo, el mensaje más profundo de ese pasaje es que el amor de Cristo debe ser la ética general, que llevará a los esposos y esposas a convertirse en una sola carne y someterse el uno al otro.[37]

Esto me ayuda a resaltar un tercer requisito: trata a la Biblia como una fuente de sabiduría, no como un libro de instrucciones. La sabiduría se preocupa por el significado más profundo de las cosas, no por los detalles mundanos, que son específicos de tiempos y culturas particulares. No debemos mirar a la Biblia para que nos de indicaciones detalladas sobre la vida en el siglo XXI, o para ofrecernos pautas directas sobre complejos problemas éticos contemporáneos que no existían en el siglo primero.

Nuestra sociedad no necesita leyes ni dogmas religiosos. En un mundo posterior al 11 de septiembre, donde los fundamentalismos de todo tipo amenazan la paz mundial, todos somos muy conscientes de los peligros del fanatismo religioso arraigado en lecturas literales y perversas de los textos sagrados. Lo que desesperadamente nos hace falta hoy es sabiduría, una manera de hacer y un camino de vida que conduzca a una espiritualidad de amor y respeto universales.

[37] Efesios 5: 21-33.

La Biblia, como cualquier otro texto religioso, puede aliviar nuestros problemas o, por el contrario, agregar más. Si se aplica de manera literal y dogmática, se sumará a la discordia general de nuestro mundo en ruinas. Debemos basarnos en las tradiciones de sabiduría de nuestras comunidades de fe, descubrir una ética global común y cooperar para traer sanación y reconciliación al mundo.

Algunas personas pueden llegar a la conclusión de que la Biblia es un libro demasiado complicado o polémico para molestarse en leerlo; es mejor dejarlo en paz. Pero esto simplemente no es así. La práctica de la Lectio Divina[C] ofrece una manera excelente para que cualquiera pueda comenzar a leer la Biblia.

No se deje intimidar por el latín: Lectio Divina significa simplemente "lectura sagrada" o "lectura meditativa". Es la forma en la que los monjes cristianos han leído la Biblia durante mil quinientos años, y ahora mucha gente común está sacando provecho de esa costumbre. Es realmente una forma de rezar la Biblia, o de masticarla, que pasa por alto todas las interpretaciones dogmáticas. Es una de las mejores formas que conozco de que cualquiera pueda acceder a la sabiduría de la Biblia a nivel personal.

[C] Lectio Divina es una metodología de reflexión y oración de un texto bíblico utilizado por los católicos desde los primeros años del Cristianismo. El primero en utilizar la expresión fue Orígenes (aprox. 185-254), teólogo, quien afirmaba que para leer la Biblia con provecho es necesario hacerlo con atención, constancia y oración. En el centro de la práctica de la *Lectio Divina* se encuentra una actitud receptiva y reflexiva de lo que Dios dice por medio de la palabra.

Lo primero que debe hacerse es elegir un pasaje corto (3-6 versículos) de la Biblia y seguir cuatro pasos: leer, reflexionar, orar, contemplar.

La etapa de lectura del proceso no necesita explicación. El segundo paso es masticarla en tu mente: medita en las palabras; mira cómo te hacen sentir; usa tu imaginación para respaldarlas. No tengas miedo de sentirte confundido con lo que lees, ni enfadado o calmado. Mira si puedes descubrir por qué tienes estas reacciones. Métete en la historia, en el lugar de los diferentes personajes. Estas son solo algunas sugerencias; sigue tu propia intuición.

La tercera etapa implica sentarse con cualquier emoción que surja y ver si se transforma en una oración. No te preocupes si no lo hace. Recuerda, una oración no tiene por qué ser solamente palabras; los sentimientos también son oraciones.

Finalmente, el paso de la contemplación es donde nos volvemos receptivos al espíritu del pasaje en lugar de fijarnos en sus palabras. A menudo he descubierto que es aquí donde mis actitudes han sido transformadas en el proceso, o donde he decidido que debo tomar alguna acción como resultado de la lectura, o simplemente donde he pasado tiempo bañándome en el amor, la paz o la tranquilidad de Dios.

Entonces, ¿por dónde deberíamos empezar? Permíteme sugerirte algunos pasajes que serían un buen punto de partida.

Salmo 23. El famoso salmo del pastor del rey David. Este se puede leer en tres secciones: versículos 1-3; versículo 4; versículos 5-6.[38]
Salmo 139: 1-3, 4-6. Dios nos conoce completamente y se preocupa por nosotros.
San Mateo 5: 9. Bienaventurados los pacificadores.
San Mateo 6: 9-15. La oración del Señor.
San Marcos 4: 35-41. Jesús calma una tormenta.
San Lucas 6: 32-36. Amar a los enemigos.
San Lucas 9: 46-48. Verdadera grandeza.

Una vez que hayas probado con algunos de estos pasajes, ¿por qué no repasar el Evangelio de San Marcos, unos pocos versículos cada vez? Es el más breve y el más antiguo de los Evangelios, pero también el que ofrece el relato más vívido de la vida de Cristo. En la primera parte te encontrarás con muchos milagros extraordinarios. No te dejes atrapar por las preguntas sobre cómo sucedieron, o si sucedieron, concéntrate en cambio en lo que Dios quiere decirte a través de ellos.

Esta es solo la explicación más breve de la práctica de la Lectio Divina. Hay una excelente explicación de la práctica y un ejercicio guiado en el libro *Finding Sanctuary*

---

[38] *I Shall Not Want* (*Nada me falta*) (SPCK, 2006) es una meditación más larga que escribí sobre el Salmo 23.

(*Encontrando Refugio*) de Christopher Jamison.[39] El padre Jamison apareció en la serie de televisión de la BBC The Monastery, (El Monasterio) donde cinco hombres muy modernos se ofrecían como voluntarios para la vida monástica durante cuarenta días. Fue un programa fascinante y *Finding Sanctuary* es un libro excelente que muestra cómo los aspectos de la vida monástica pueden integrarse en la nuestra experiencia cotidiana.

Lo que me gusta del método de la Lectio Divina para leer la Biblia es que permite a la gente común hacer sus propios juicios sobre lo que les dice el Buen Libro. Comenzamos este capítulo con una historia sobre una mujer esclava (ojalá supiéramos su nombre) que se negó a aceptar la parte de la Biblia que hablaba sobre los esclavos que obedecen a sus amos. Terminaré con una historia de la Biblia sobre una mujer cananea que se enfrentó a Jesús e incluso terminó haciéndole cambiar de opinión.

Los cananeos eran enemigos tradicionales de los judíos, por lo que esta mujer era una forastera, una extranjera y además era mujer, una doña nadie que acudió a Jesús para que sanara a su hija. Jesús, hablando desde una perspectiva típica hebrea en ese momento, pareció rechazarla porque no era judía, con un comentario insultante sobre no alimentar a los perros con la comida de los niños. "Sí, Señor", respondió

---

[39] Christopher Jamison, *Finding Sanctuary: Monastic Steps for Everyday Life* (*Encontrando Refugio: Pasos Monásticos para la Vida Cotidiana*) (Phoenix, 2007).

la mujer, "sin embargo, hasta los perros comen las migas que caen de la mesa del amo." Castigado por su comentario, Jesús alabó su fe y le concedió su petición.[40]

Como la esclava, esta mujer cananea (¡ojalá supiera su nombre también!) Se negó a aceptar lo que se decía, incluso cuando el que hablaba era Jesús. Su instinto decía que Dios era más grande que esto. Así que ella persistió y obtuvo lo que venía a buscar, transformando a Jesús en el proceso.

Es importante que nosotros también nos sintamos libres para discutir con lo que leemos en la Biblia. A veces, mientras leemos, puede hacernos saltar de alegría; otras veces puede hacernos hervir de ira. A veces se supone que debemos enojarnos por lo que leemos, ese es el tema. En otros momentos, nuestras reacciones cambiarán a medida que vivamos el pasaje o la historia durante un tiempo. Un buen lector es un lector honesto. No tengas miedo de estar en desacuerdo. Pero tampoco te atrincheres en una posición en la que el texto, por su propia extrañeza e incomodidad, finalmente no pueda transformarte.

La Biblia es una ventana a través de la cual esperamos ver a Dios. La ventana está lejos de estar completamente despejada. Tiene motas de restos de mosca, polvo y alguna que otra grieta por aquí y por allá que distraen y oscurecen nuestra visión. Y es solo una ventana. Pero si miramos a

---

[40] Mateo 15: 21-28.

través de ella, en lugar de mirarla a ella, podemos esperar vislumbrar la maravilla inimaginable a la que llamamos Dios.

14. ¡Derriba los muros!

Cómo hacer una iglesia para todos

La comunidad amada no se forma por la erradicación de la diferencia, sino por su afirmación.

Bell hooks

Una vez, hace unos años, completamente por accidente, conocí a mi nieta. Nunca debí haberla conocido y nunca volvió a suceder, pero solo por un momento nos miramos por primera y única vez. Nos quedamos completamente sin palabras.

Nunca he conocido a ninguno de mis otros siete

161

nietos ni a mis dos bisnietos. Mi familia no me deja verlos. Apenas he visto a mis tres hijos o a mi hija en casi treinta años. No es sorprendente: crié a mis hijos para que creyeran que alguien como yo no es aceptable. Por lo tanto no me aceptan.[41]

Esta parte de la historia de John quien, junto con su pareja Mike, se unió a la iglesia de San Lucas hace diez años. John creció en el Ejército de Salvación y le encantaba todo lo que tenía que ver con él: la música, las reuniones, toda su forma de vida. Siguiendo los pasos de su padre, se convirtió en músico de banda, tocando varios instrumentos de viento; luego, más tarde, sintió la llamada a convertirse en un oficial, el equivalente a lo que otras iglesias llamarían un ministro o sacerdote.

Desde pequeño, John supo que sus sentimientos iban hacia los niños más que hacia las niñas, pero asumió que esto era normal, así que, como todos a su alrededor, se casó y tuvo hijos. Sin embargo, en el caso de John, esto llevó a un ciclo terrible de culpa, engaño y confusión que duró años. Finalmente, la verdad sobre su sexualidad salió a la luz, y esto conllevó la pérdida de su matrimonio, su familia, su carrera, su hogar y su vida como salvacionista.

Incluso en sus momentos más oscuros, Juan nunca

---

[41] La historia de Juan y otras de San Lucas están publicadas en *The Gospel According to Everyone* (*El Evangelio según todos*), de Martin Wroe (lulu.com, 2011).

se sintió rechazado por Dios. Sin embargo, su iglesia y su familia ciertamente lo rechazaron. Al enterarse de su homosexualidad, el comandante de su división exigió su renuncia inmediata. Más tarde, su hijo mayor, que era entonces él mismo un oficial de La Salvación, le escribió diciéndole que ya no era su padre y que no quería que lo visitara y les contagiara el SIDA a sus hijos.

Al principio de estar en San Lucas, John y Mike asistieron a un servicio el Día de la Madre, cuando una pareja de lesbianas, Becky y Jude, trajeron a su bebé de cuatro días. Como es mi costumbre cuando traen a un bebé a la iglesia por primera vez, tomé a Izzy en mis brazos para darle la bienvenida y bendecirla en el nombre de Cristo, primero reuniendo a los otros niños para que pudieran verla bien.

"Esta es Izzy", dije. "Tiene mucha suerte. ¿Sabéis por qué? ¡Tiene dos mamás!"

Hubo sonrisas de oreja a oreja y un niño exclamó: "¡Guau!"

John y Mike se miraron el uno al otro con los ojos llenos de lágrimas. "Nunca creí que escucharía algo así en una iglesia en mi vida", comentó Mike más tarde. "Cuando les dijiste eso a los niños, supimos que aquí estábamos en nuestra a casa".

John y Mike se convirtieron recientemente en pareja de hecho, ¡en el septuagésimo sexto cumpleaños de John! La conmovedora ceremonia se clausuró con una grabación de

Leonard Cohen cantando "There ain' t no cure for love" (No hay cura para el amor). Mientras escuchábamos su voz de oro, deseé que me hubieran permitido llevar a cabo esta ceremonia en San Lucas.

Por cierto, el encuentro de John con su nieta ocurrió en una conferencia del Ejército de Salvación donde le mencionó a un oficial escandinavo que su hijo vivía allí. Para asombro de John, el oficial dijo: "He traído a su hija conmigo".

"Y ahí estaba ella", dijo John. "Por un momento miré a los ojos a mi propia nieta. Ambos nos quedamos sin palabras. No tengo ni idea de lo que le han dicho de mí… Incluso en mi lecho de muerte me encantaría ver a mis hijos y nietos, ese es mi deseo, me encantaría verlos. Pero todo está en manos de Dios".

Sorprendentemente, Gene Robinson, el primer sacerdote abiertamente gay que se convirtió en obispo en la Comunión Anglicana, recibió amenazas de muerte y el FBI le aconsejó que usara una armadura debajo de sus vestimentas en su consagración. Su nombramiento llevó a algunos episcopales conservadores a formar su propia iglesia.

Sin embargo, poco después de su elección como obispo, Gene recibió un saludo especial de una mujer de dieciocho años que estaba en prisión por asesinar a su madre hacía tres años. Ella escribió: "No soy ni gay ni cristiana, pero hay algo en su elección que me hace creer que hay una comunidad "ahí fuera" que podría amarme, a pesar de lo que he hecho".

A los ojos de esta mujer, una iglesia que eligió a un paria como líder ofrecía la esperanza de que pudiera ser aceptada como ser humano a pesar de su atroz crimen. Como resultado de conocerla, el obispo Gene ahora pasa cada Nochebuena en la prisión. Él dice que es el regalo de Navidad que se hace a sí mismo. "¿Por qué mi relación con estas mujeres significa tanto para mí? Parte de eso es porque cuando estoy con ellas, me siento más cerca de Jesús. No es fácil sentirse cerca de Jesús. No es fácil sentirse cercano a Cristo cuando estás sentado en una reunión de comité o firmando papeles en un escritorio. Pero cuando estás haciendo las cosas que Jesús hacía con las personas con quien él las hacía, es una historia completamente diferente».[42]

No puedo evitar preguntarme qué tipo de Iglesia imaginaba Jesús. Si creyera por un momento que es un lugar que no tiene lugar para gente como John y Mike, o Gene Robinson, o una mujer que asesinó a su madre, no querría participar en ella. Pero no creo que sea así.

Me pregunto cuánto se lamentaría hoy Jesús de la Iglesia, qué "mesas" volcaría. Incluso me pregunto si Jesús pensó siquiera en una Iglesia. Se ha dicho que lo que predicó fue el reino de Dios ¡Y lo que consiguió fue la Iglesia! Un

---

[42] Gene Robinson, *In the Eye of the Storm: Swept to the Centre by God* (*En el ojo de la tormenta: barrido hacia el centro por Dios*) (Canterbury Press, 2008).

comentario justo. A lo largo de los Evangelios, Jesús solo usa la palabra "iglesia" en dos ocasiones, mientras que expresa los términos "reino de Dios" y "reino de los cielos" más de cien veces. Claramente, el reino de Dios, no la Iglesia, era su pasión.

Pero, ¿qué es el reino de Dios? Sencillamente, es una visión de cómo sería el mundo si Dios fuera Rey en lugar de los gobernantes y políticos. Jesús nos enseñó a orar: "Venga a nosotros tu reino, hágase tu voluntad así en la tierra como en el cielo". El reino de Dios aparece donde se cumple la voluntad de Dios: donde prevalece la justicia y la equidad, donde se alimenta la boca hambrienta, donde se aloja a los sin techo, donde la reconciliación sustituye al conflicto y donde el amor vence al odio y la venganza.

Una de las representaciones más vívidas e inspiradoras del reino de Dios aparece en la noción de Martin Luther King de la "comunidad amada". Frente a la intolerancia y el odio racial, King soñó con un mundo transformado: una sociedad integrada, donde la hermandad y la fraternidad serían una realidad; donde las personas no serían juzgadas por su credo, por su género o por el color de su piel, sino que serían aceptadas por ser quienes eran. A esto lo llamó la comunidad amada: una compañía de amor y justicia.

Seguramente por eso existe la Iglesia: para ser una demostración viviente de lo que es la comunidad amada; un lugar de aceptación incondicional y de igualdad de oportunidades, un lugar donde se celebre la diversidad y donde todos puedan sentirse en casa en el amor de Dios.

Jesús generaba una comunidad amada dondequiera que fuera. Para él, "iglesia" no era tanto un sustantivo como un verbo: era un evento, un acontecimiento, una experiencia, no una institución o un club religioso. Básicamente, Jesús hizo iglesia: se hizo amigo de personas atravesando barreras sociales, incluyendo a los intocables, empoderando a los débiles y a los más desfavorecidos, destruyendo por completo cualquier sentido de "nosotros" y "ellos". Dondequiera que estaba Jesús, una comunidad amada surgía a su alrededor.

Y especialmente durante las comidas….

Nada resume más fundamentalmente de qué iba el tema de Jesús que su llamado "compañerismo de mesa", donde él compartía comida y bebida con todo tipo de personas, especialmente con los más marginados de su época. Es imposible exagerar el impacto que estas comidas deben haber tenido sobre los pobres, los marginados y los llamados "pecadores". Al compartir una comida con ellos, al tratarlos como amigos e iguales, al darles un lugar al que pertenecer, Jesús eliminó su vergüenza, su humillación y su culpa y los reemplazó por dignidad, respeto y autoestima.

En su comunidad heterogénea, Jesús reformuló radicalmente la vida de las personas dentro del amor de Dios. Y esto, más que cualquier otra cosa, es lo que la Iglesia debe hacer: permitir que las personas vean sus vidas a través del lente de la presencia amorosa de Dios. Una mujer me dijo recientemente: "La razón por la que vengo a la iglesia es para recordarme a mí misma que no soy una basura. En este momento, mis circunstancias son una basura, pero estar aquí me ayuda a ver que esa no es la que soy". Personalmente paso una gran parte de mí tiempo como párroco tratando de que las personas se vean a sí mismas como Dios las ve: saber que Dios les está sonriendo, no frunciendo el ceño.

Cuando miro a la comunidad de San Lucas todos los domingos, veo a una mujer que ha luchado por mucho tiempo con los "demonios" de la enfermedad mental; veo a un hombre que pasó años luchando con la culpa por una relación en ruinas; veo a una mujer joven que sufrió pesadillas después de ser violada; veo a un amigo muriendo de cáncer; veo a varias personas desesperadas por trabajar; veo a una pareja que anhela concebir un hijo; veo a docenas y docenas de personas que siguen adelante con sus emocionantes o monótonas vidas. Pero también veo a personas capaces de ver su sufrimiento, sus alegrías y su cotidianeidad a través de la lente del amor de Dios en la historia cristiana que se explica de alguna manera en misa, semana tras semana. Veo personas que saben que, sea lo que sea lo que les suceda, ya nunca más volverán a sentirse completamente solos.

La iglesia está destinada a ser un lugar donde descubramos la aceptación incondicional. Ser acogido dentro de la amada comunidad no depende de creer las cosas "correctas", o de conformarse a alguna imagen de un buen cristiano, o de llevar una vida absolutamente limpia, o de encajar en alguna categoría ordenada de "normalidad". Somos aceptados porque Dios, que nos conoce de adentro hacia afuera, nos ama, pase lo que pase.

En su día, Jesús rompió las barreras que dividían a la gente. Se hizo amigo de los detestados samaritanos, contando incluso una famosa historia en la que el héroe era un samaritano; recibió corrección de una mujer pagana; incluso recibió a un centurión romano de la ocupación y curó a su criado.

Una de las formas más importantes en las que la Iglesia necesita manifestar la aceptación incondicional de Dios es en la Eucaristía o Sagrada Comunión. Basada en la práctica de Cristo de atravesar todas las barreras compartiendo las comidas con todo tipo de personas, creo que los santos sacramentos deben ofrecerse a todas las personas, sin excepción. El pan y el vino son signos poderosos de la inclusión divina, que a nadie le deben ser negados. La aceptación divina no se basa en que tengamos ciertas creencias, alcancemos algún estándar moral o nos convirtamos en miembros de una institución, sino simplemente se basa en las manos de Cristo abiertas a todos.

La iglesia también está destinada a ser una celebración de la diversidad, un espacio seguro para que las personas puedan ser diferentes. Cualquier iglesia donde todos parezcan iguales, crean en las mismas cosas y se comporten de la misma manera es una triste expresión de la amada comunidad, esta última siendo el lugar donde lo diferente no es que sea tolerado sino que es ensalzado.

Una de las metáforas más antiguas de la Iglesia es el cuerpo de Cristo, donde cada miembro y cada órgano son diferentes, pero contribuye en esa diferencia a la expresión total de Cristo en el mundo. En la amada comunidad hay espacio para que se valore cada cultura y cada raza, espacio para que las mujeres y los hombres trabajen juntos como iguales, espacio para que los homosexuales y los heterosexuales puedan ser simplemente seres humanos, espacio para las diferentes opiniones y puntos de vista, espacio para las dudas y las preguntas, espacio para cambiar.

Finalmente, la Iglesia está destinada a ser una comunidad de empoderamiento, donde las heridas se pueden curar y las almas son libres para florecer.

No nos presentamos a la iglesia porque somos seres humanos perfectos y limpios; somos una reunión de personas rotas que buscan ser completadas, pero que buscan la integridad juntas, en lugar de solas. Somos una mezcolanza de creyentes, escépticos, disidentes y descontentos, cada uno de nosotros luchando por nuestro camino hacia el misterio que es Dios.

La Iglesia es un lugar de refugio y esperanza, un lugar de oración y risa, un lugar de sueños y nuevas imaginaciones, un lugar de nacimiento y renacimiento, un lugar de bienvenida y aceptación, un lugar de bodas y funerales, un lugar donde mamás y papás orgullosos traen a sus diminutos retoños para ofrecerlos a Dios, un lugar de fiestas, un lugar de pan y vino compartido por todos, un lugar de afirmación y nuevos comienzos, un lugar de amistad, apoyo y sanación.

Por supuesto, como dije en el capítulo 2, no es necesario buscar a Dios en algún lugar especial, ya sea una iglesia, una mezquita o un templo. Dios está radicalmente presente contigo en todas partes, más cerca incluso que tu propia respiración. Sin embargo, créeme, es sumamente satisfactorio ser parte de una comunidad de personas que, semana tras semana, eligen ponerse en un lugar donde están expuestos a la clara posibilidad de encontrarse con Dios.

15. La revolución silenciosa
Cómo ayudar a Dios a cambiar el mundo

Qué maravilloso es que nadie necesite esperar un solo momento antes de comenzar a mejorar el mundo.

- Ana Frank

Cuando acepté asistir al funeral de Carol, el enterrador me dijo que solo habría cuatro o cinco personas en la ceremonia. Ella era una inconformista luchadora de cuarenta y cinco años que creció en un tranquilo pueblo de Bedfordshire, al que rara vez regresaba. Bebía mucho y era adicta a la heroína, aunque se recuperó de la adicción algunos años antes de su muerte.

Cuando hablé con su padre por teléfono, me dijo que no podía contarme mucho sobre la vida de Carol. La conocía como una adolescente rebelde, que abusaba de sustancias y era inadaptada. Sabía que vivía en Londres y trabajaba en una tienda benéfica, pero eso era todo. Me confirmó que la congregación en el crematorio sería pequeña: él y su esposa, además de otros dos familiares. Me entristeció saber tan poco sobre Carol y que su fallecimiento a los cuarenta y cinco años pasara sin pena ni gloria.

Mientras caminaba desde el automóvil hasta la capilla del crematorio al día siguiente, noté que treinta o cuarenta personas estaban un poco alejadas del edificio, charlando y liándose cigarrillos. No se esperaba el cortejo hasta dentro de quince minutos, así que decidí hablar con el grupo, que resultaron ser amigos de Carol. En unos minutos, tenía una imagen completamente diferente de ella y una historia muy diferente que contar.

Casi todo el grupo eran trabajadores voluntarios en tiendas de caridad en el norte de Londres, un grupo heterogéneo de góticos y punks, junto a algunos otros tipos más convencionales. Uno tras otro elogiaron a Carol. Un hombre de unos treinta años con cabello negro puntiagudo, la cara tatuada e innumerables perforaciones dijo: "La mayoría de nosotros tenemos problemas, hombre. Pero Carol era como una madre para nosotros. Ella nos reunía y cuidaba de nosotros". Otro hombre, que luego descubrí que era el gerente de la tienda, me preguntó si podía hablar en la ceremonia, donde habló conmovedoramente de las cualidades maternales de Carol. "Las tiendas benéficas son nuestra familia", dijo. "Muchos de nosotros tenemos problemas de salud mental, pero hemos encontrado una comunidad a la que podemos pertenecer. A Carol le encantaba tomar una copa, y siempre era la última en bailar hasta las 4 a.m., pero era el corazón de esta familia. Ella cuidaba de todos".

Los padres de Carol eran gente de buenos modales de clase media. Me pregunté cómo reaccionarían ante el funeral de su hija pródiga cuando un grupo de aparentes fracasados e inadaptados se colase por la puerta. La pareja pensó que sabían quién era su hija: una vagabunda, drogadicta y alcohólica, pero ahora se habían enterado de que era una mujer completamente diferente.

"Ojalá pudiera conocerla ahora", me dijo su madre después. "No teníamos ni idea de la maravillosa persona en la que se había convertido, o de que formaba parte de una familia tan amorosa". Afuera del crematorio, el padre de Carol se acercó a sus amigos y les dijo: "Planeábamos llevar los restos de Carol de regreso a Bedfordshire, pero ahora creemos que debería quedarse aquí con vosotros en Londres, donde todos podáis visitarla con regularidad y facilidad". Los abrazos y las lágrimas que siguieron entre una pareja reservada de fuera de la ciudad y un grupo de náufragos urbanos fue un espectáculo digno de ser visto.

El nombre de Carol no aparecerá en ninguna lista de santos, sin embargo, conduje de vuelta a casa ese día sintiendo que había enterrado una figura de Cristo rota.

Jesús dijo: "De cierto te digo, así como tú (cuidaste) a uno de los más pequeños de estos que son miembros de mi familia, también a mí me lo hiciste".[43] Aunque Carol probablemente no se dio cuenta, era una sierva de Dios, que a su manera modesta y desinteresada cambió el mundo. Definitivamente cambió el mundo de su pequeño redil de heridos ambulantes. También desafió mi idea de dónde buscar a Cristo en el mundo.

La canción de Joan Osborne "One of us" (Uno de Nosotros) da en el clavo, pidiéndonos que imaginemos cómo sería el mundo si Dios fuera como nosotros: un extraño, un pasajero en el autobús, alguien que simplemente intenta encontrar el camino a casa.

¿Cómo cambia nuestra visión de Dios si empezamos a buscar a Cristo en alguien como Carol, o en la gente que ella cuidaba, gente con la que podemos cruzarnos por la calle sin darnos cuenta ni de que existen? Sin embargo, ¿no es esto lo que Jesús quiso decir cuando dijo: "Así como te preocupaste por uno de los más pequeños, también me lo hiciste a mí"?

De alguna manera, Jesús mismo era un Mesías un poco insólito. Prácticamente toda su vida la pasó en un remanso político entre los campesinos; no tenía un plan obvio para

[43] Mateo 25:40.

cambiar el mundo, ninguna estrategia para derrocar el sistema, ningún programa para crear un cambio social. Sin embargo, cambió el mundo al cambiar la vida de, en su mayoría, personas sin influencia.

Como hemos visto, la pasión de Cristo fue el reino de Dios: una visión de cómo sería el mundo si Dios fuera Rey en lugar de los gobernantes y los políticos. Pero incluso aquí, no trató de presentar el reino como una estrategia o programa político. Más bien, se dedicó a difundir una cultura de esperanza, compasión y sanación entre la gente común. Rompió prejuicios y barreras sociales y empoderó a los pobres y a los marginados: no para convertirlos en una fuerza militante para derrocar a las autoridades, sino para generar la comunidad querida.

La forma en que Jesús cambió el mundo se asemeja a lo que hoy en día se conoce como el "efecto mariposa". Este es el principio de que un pequeño cambio en un lugar, puede tener un efecto dramático en otro. La idea del efecto mariposa comenzó cuando Edward Lorenz, un meteorólogo, trató de explicar a principios de la década de 1960 por qué es tan difícil hacer predicciones precisas sobre el clima. Se dio cuenta de que pequeñas diferencias en los sistemas dinámicos, como la atmósfera, pueden desencadenar resultados enormes y, a menudo, inesperados. En 1972 presentó sus hallazgos en un artículo titulado "Previsibilidad: ¿el aleteo de una mariposa en Brasil desencadena un tornado en Texas?

La propuesta de Lorenz parecía absurda, pero sus ideas demostraron ser completamente verdaderas y precisas. La frase "efecto mariposa" se refiere a la idea de que las alas de una mariposa pueden generar pequeños cambios en la atmósfera que desencadenan una cadena de eventos que pueden, por ejemplo, alterar en última instancia la trayectoria de un tornado o influir en su velocidad, o tener un impacto en otros patrones climáticos.

Una de las aplicaciones del efecto mariposa es el reconocimiento de que las decisiones o acciones que tomamos como individuos, sin importar cuán pequeñas sean, pueden jugar un papel enorme que determine el resultado de nuestras vidas y las vidas de otros, incluso la de culturas enteras. Por eso la famosa cita de Gandhi, "Sé el cambio que quieres ver en el mundo", es tan poderosa. Muestra cómo una decisión de cambiar nuestro mundo personal o el mundo de otra persona puede terminar transformando a una sociedad entera.

En 1955 en Montgomery, Alabama, una mujer afroamericana llamada Rosa Parks decidió que estaba cansada de tener que ceder su asiento a una persona blanca en el autobús. Ella no fue la primera en tomar esa posición, pero su pequeño acto de desafío se convirtió en un símbolo importante del Movimiento por los Derechos Civiles. En una reunión unos días después de su arresto, un ministro de la iglesia desconocido entonces por la mayoría, el Dr. Martin

Luther King Jr, fue elegido presidente de la Asociación Montgomery por las Mejoras. Y el resto es historia. Y todo ello provocado por la decisión de actuar de una mujer; el aleteo de una mariposa.

Desmond Tutu dice que el momento decisivo más grande de su vida llegó a través de un acto de cortesía increíblemente simple que presenció cuando era un niño de nueve años aproximadamente. "Vi a un sacerdote blanco, alto y con una sotana negra quitarse el sombrero ante mi madre, que era trabajadora doméstica". Tutu no sabía que el sacerdote era Trevor Huddleston, un dedicado activista anti-apartheid. Pero vio algo que dice que le dejó alucinado y le inculcó la pasión por perseguir la justicia para los negros. Un minúsculo aleteo de las alas de una mariposa provocó una reacción en cadena que ayudó a producir uno de los líderes morales más grandes de nuestro mundo.

Desmond Tutu declara que Dios tiene un sueño que podemos ayudar a convertir en realidad: el sueño de un mundo "cuya fealdad, miseria, pobreza, guerra, hostilidad, codicia y dura competitividad, alienación y desarmonía se transforman en sus gloriosas contrapartidas, un mundo donde habrá más risa, alegría y paz, donde habrá justicia, bondad, compasión, amor, cariño y fraternidad".[44]

Carol no se preocupaba por su pequeña familia de

---

[44] Desmond Tutu, *God has a Dream: A Vision of Hope for our Time* (Dios tiene un sueño: una visión de esperanza para nuestro tiempo) (Rider, 2004).

inadaptados para cambiar el mundo, como tampoco Trevor Huddleston se quitó el sombrero ante una trabajadora doméstica negra para derrocar el apartheid. Rosa Parks no tenía idea de que su negativa a ponerse en pie inspiraría un movimiento para combatir la discriminación racial. Cada una de estas personas simplemente hizo lo que surgió naturalmente en la situación. Ellos batieron sus alas.

Entonces, ¿cómo hacemos para batir nuestras alas? ¿Cómo podemos marcar una diferencia? Estos son mis seis consejos principales para cambiar el mundo:

1. No intentes cambiar el mundo, sé fiel a ti mismo.

Antes de entrar en la arena pública, Jesús pasó cuarenta días en el desierto decidiendo quién era y quién quería ser en el mundo. No hizo las cosas simplemente para complacer a los demás, o para cumplir alguna ambición de ser el salvador del mundo; simplemente era fiel a sus mejores y más profundos instintos. Si eres fiel a ti mismo, cambiarás el mundo, porque el mundo que te rodea cambiará.

2. Comprometerse con la compasión

La compasión no es sentir lástima o sentir pena por alguien, sino un compromiso de ponerse en el lugar de otra persona, sentir su dolor o entrar con generosidad en su punto de vista. Esto se resume perfectamente en la llamada "regla de oro": "Haz a los demás lo que te gustaría que te hicieran a ti". La compasión surge de la apertura del corazón, es la voluntad de comprender el dolor de otras personas, de escuchar su dolor y compartir su angustia.

La regla de oro está en el corazón de todas las principales tradiciones religiosas. Es la marca de autenticidad. "Sin amor no soy nada", dice San Pablo. Pero el amor no es un sentimiento que esperamos experimentar sino una práctica que nos comprometemos a seguir y cultivar.

La Carta de la Compasión (The Charter for Compassion) es una iniciativa para restaurar la compasión en el corazón de la religión y de la ética. Elaborado por destacados pensadores y activistas de las principales tradiciones religiosas, exige el compromiso de practicar la compasión en nuestra vida diaria. Visita el sitio web hoy, firma la carta, comprométete a actuar y lee algunas historias de compasión espléndidamente alentadoras.[45]

Cada acto de compasión es un batir de alas de mariposa. Puede que no veas el resultado final, ¡pero sigue aleteando!

3. Únete a otros en la búsqueda de promover la justicia y la paz en el mundo.

Hay una estatua en Roma de Cristo sin brazos. Es un símbolo maravilloso de cómo Dios confía en nosotros para

---

[45] La Carta de la Compasión fue lanzada en 2009 por Karen Armstrong, a quien TED (Tecnología, Entretenimiento, Diseño), una organización sin fines de lucro dedicada a ideas que vale la pena difundir, le concedió el deseo de un mundo mejor. Ella eligió crear la Carta con el apoyo de TED. Visita el sitio web en www.charterforcompassion.org, comprométete, participa.

hacer su trabajo en el mundo. Sin sus socios humanos, Dios no tiene oídos ni ojos, brazos ni piernas. Dios confía en la cooperación humana para hacer del mundo un lugar mejor. Afortunadamente, hay muchas personas involucradas en este trabajo, no todos son cristianos, no todos son religiosos. De hecho, millones de personas de todos los credos y de ninguno en concreto están trabajando para combatir la pobreza y las enfermedades, para alimentar a los hambrientos y liberar a los oprimidos. Y están marcando la diferencia. Pero la necesidad es enorme. Se necesitan más personas que ofrezcan su tiempo y energía como voluntarios, que den su apoyo financiero, que se inscriban y participen.

En el <u>Apéndice 3,</u> he enumerado algunas de las organizaciones y campañas a las que tal vez desees considerar unirte o apoyar.

4. Atiende al momento presente

¡Presta atención! Todavía puedo escuchar a mis maestros gritándomelo. Me distraía fácilmente, ya ves. Probablemente por eso me tomó un tiempo despertar, académicamente. Siempre estaba soñando despierto o pensando en jugar al fútbol cuando acabase la escuela.

Sin embargo, estas son dos de las palabras más importantes del mundo: presta atención. La mayoría de las grandes figuras de la historia cambiaron el mundo cuando prestaron atención a sus propias pasiones y anhelos; a algún aspecto del mundo que lo rodeaba; a las necesidades de otra persona; a algún pequeño detalle de la vida; a la voz de Dios en todas estas cosas.

Pero para prestar atención necesitamos estar presentes en el momento. Gandhi dijo una vez: "No quiero prever el futuro. Me preocupa cuidar el presente. Dios no me ha dado ningún control sobre el momento siguiente".

Todos experimentamos resistencias que nos impiden que actuemos para cambiar el mundo o para cambiar la vida de alguien. La mejor manera de superar esto es permanecer presentes en el momento tanto como sea posible, hacer lo que podamos ahora en lugar de desear haber hecho más en el pasado o intentar planificar el futuro.

Regreso, una vez más, a la maravillosa Oración de la Serenidad:

Dios, concédeme la serenidad para aceptar las cosas que no puedo cambiar;
valor para cambiar las cosas
que puedo,
y sabiduría para reconocer la
diferencia.

A veces puede parecer que las cosas que podemos cambiar son tan pequeñas y mínimas. Pero ten valor. Bate tus alas y deja el resto a Dios.

5. Vence el mal con el bien

A lo largo de la historia, muchas personas famosas y completamente anónimas han asumido el desafío de San Pablo, "No te dejes vencer por el mal, sino vence el mal con el bien",[46] y cada uno de ellos ha cambiado el mundo de alguna manera.

En mayo de 2008, Jimmy Mizen, un colegial de dieciséis años, fue asesinado por otro adolescente en una panadería del sur de Londres. Hablando sobre el asesino, su madre Margaret Mizen se negó a responder con odio o ira. "No siento enojo porque sé que fue el enojo lo que mató a mi Jimmy", dijo, "y no dejaré que el enojo arruine a mi familia… Hay demasiada ira en este mundo y esto tiene que parar". También habló con compasión hacia los padres del asesino. Ante la crueldad y la pérdida, los Mizens optaron por vencer el mal con el bien.

Dos años después, los Mizens fueron más allá en sus esfuerzos por vencer la malvada circunstancia que se llevó a su hijo. En noviembre de 2010, Barry Mizen anunció que iban a comprar la tienda donde murió su hijo para abrir el Café de Buena Esperanza. El café, un "centro comunitario", sirve sándwiches y chocolate casero hecho a mano por el hermano mayor de Jimmy, que es pastelero de formación. Otros dos hermanos están involucrados en la gerencia del café, y las ganancias se destinan a varios proyectos caritativos. Los

[46] Romanos 12:21.

Mizens también han creado un sitio web, familieutd.com, para ofrecer apoyo a otras familias que han experimentado una muerte violenta.

En una línea similar, Susan Retik, quien estaba esperando su tercer hijo cuando su esposo David fue asesinado en los ataques del 11 de septiembre, se negó a dejarse devorar por el dolor y la amargura. En su lugar, junto con Patti Quigley, otra viuda del 11 de septiembre, estableció una fundación dedicada a transformar las vidas de miles de viudas afganas, que se encuentran entre las mujeres más pobres y desamparadas del mundo. "Más allá del 11", dicen las dos mujeres, es una iniciativa que trasciende los actos de odio con actos de humildad, los actos de desesperación con actos de ingenuidad y los actos de miedo con actos de autoconfianza. "Estamos ayudando a difundir la paz mano a mano y de corazón a corazón, una viuda cada vez", dicen.

Estas son historias extraordinarias, pero cada acto de amor, paz o perdón constituye un batir de alas que provocan olas y reverberaciones, por invisibles o anónimas que sean.

6. Busca a Cristo en el mundo

Cuando mi buen amigo Mike Riddell era pastor en una iglesia en Auckland, Nueva Zelanda, tenía visitas regulares de Arthur, un hombre que padecía una enfermedad mental. Arthur solía decirle a Mike que era el segundo hijo de Dios. Un día, Mike se puso a pensar: "¿Y si fuera verdad? ¿Y si

Arthur fuera el hijo de Dios? ¿Y si Dios se me apareciera como un enfermo mental? Y esto llevó a Mike a escribir una novela basada en la historia de Arthur, llamada *The Insatiable Moon. (La luna insaciable)*

El libro, que ahora es una película galardonada, explora la pregunta de manera aguda, al tiempo que desafía nuestras ideas preconcebidas sobre las enfermedades mentales.

Hay muchas figuras de Cristo en el mundo, así como hay millones de epifanías de Cristo, personas y momentos en los que Dios se nos aparece de nuevo en nuestro mundo. Ninguno de ellos eclipsa la revelación única de Dios en Jesús, pero nos recuerdan que Dios aparece constantemente en los lugares más sorprendentes y a través de las personas más inesperadas.

¡Y eso te incluye a ti!

Todos tomamos decisiones cada momento de cada día que, de alguna manera, pueden cambiar el mundo para mejor, si elegimos el camino del amor y la reconciliación en lugar de la ira, el egoísmo, la venganza o la indiferencia.

El gran teólogo del siglo XX Paul Tillich escribió: La muerte no tiene poder sobre el amor. El amor es más fuerte; crea algo nuevo a partir de la destrucción causada por la muerte; él puede soportarlo y superarlo todo. Está en marcha donde el poder de la muerte es más fuerte; en la guerra, la persecución, la falta de vivienda, el hambre y la muerte física misma. Es omnipresente y aquí y allá, tanto en las formas más pequeñas y ocultas como en las más grandes y visibles, rescatando la vida de la muerte. Nos rescata a cada uno de nosotros, porque el amor es más fuerte que la muerte.[47]

Batid vuestras alas, amigos; esta es la revolución silenciosa.

[47] Paul Tillich, *The New Being* (*El Nuevo Ser*)(Universidad de Nebraska Press, 2005).

16. ¡Te toca a ti!

Cómo ser la persona que naciste para ser

Tu tiempo es limitado, así que no lo pierdas viviendo la vida de otra persona. No te dejes atrapar por el dogma, que es vivir con los resultados del pensamiento de otras personas. No dejes que el ruido de las opiniones de otras personas ahogue tu propia voz interior. Y lo más importante, ten el valor de seguir tu corazón y tu intuición. De alguna manera, ellos ya saben en lo que realmente quieres convertirte. Todo lo demás es secundario.

- Steve Jobs

Cómo ser Un **mal** cristiano

Nunca es tarde para ser lo que pudiste haber sido.

- George Eliot

El gurú de la administración Charles Handy cuenta la historia de Luke, un joven afrocaribeño que, doce meses antes, había estado deprimido y vivía en Londres. No tenía trabajo, ni casa, ni dinero ni esperanza. Le parecía que vivir tenía poco sentido.

Sin embargo, cuando Handy lo conoció, la vida de Luke se había transformado; no había en él rastro de su pasado de abatimiento, ni indicios de derrotismo o depresión. Estaba inscrito en la universidad y era optimista, encantador, interesante en sus puntos de vista (se conocieron en una conferencia sobre el futuro del trabajo) y estaba completamente comprometido con su vida.

"¿Qué pasó?» Preguntó Handy.

"Bueno, cuando las cosas estaban en su peor momento", explicó Luke, "llamé a mi papá y le dije cómo me sentía. Todo lo que me dijo fue: "Piensa en esto: cuando llegues al cielo, conocerás al hombre que podrías haber sido". Luego colgó el teléfono. Eso era todo lo que necesitaba. Me fui, pensé sobre ello y completé mi solicitud para ir a la universidad ".[48]

Tengo que admitir que la perspectiva de conocer algún día a la persona que podría haber sido es bastante aterradora,

---

[48] La historia es de Charles Handy, *The Hungry Spirit: Beyond Capitalism, A Quest for Purpose in the Modern World* (*Espíritu Hambriento: Más allá del Capitalismo, La Búsqueda de Sentido en el Mundo Moderno*) (Random House Business, 1998).

pero como dice Handy, no es necesario que te lo tomes literalmente para entender este punto. En ese momento en el teléfono, Luke vio su vida en perspectiva y se dio cuenta de que no tenía por qué ser así e hizo algo al respecto. Dio un completo giro a su vida.

Cada uno de nosotros tiene la oportunidad, empezando en el día de hoy, de remodelar nuestra vida, incluso de reinventarnos. Nuestras vidas no están predeterminadas por la ciencia, el destino o la voluntad divina; tenemos la libertad que nos ha dado Dios, podemos tomar decisiones reales sobre nuestra vida, sobre quiénes queremos ser. No siempre podemos determinar nuestras circunstancias, pero sí podemos decidir cómo reaccionar ante ellas. Siempre hay opciones por decidir y elecciones que tomar. Somos los autores de nuestra propia historia, no meras víctimas de la fortuna.

Al final, Luke quería que su vida valiera la pena. No quería terminar simplemente habiendo visitado este mundo. Después de décadas de trabajo pastoral, me he dado cuenta de que no es la muerte como tal a lo que más teme la gente, o incluso la posibilidad de dejar de existir, sino el miedo a la insignificancia: la idea de que naceremos, viviremos y un día moriremos y que nada de eso habrá importado. Algo profundo dentro de nosotros clama contra esto. Sentimos que debe haber algún propósito en nuestra existencia, algún significado que vaya más allá de "Dave estuvo aquí".

En el mejor de los casos, la religión nos proporciona un sentido al colocar nuestras vidas dentro de un propósito mayor. Sin embargo, es importante que la religión no sea solo escapismo o un conjunto de respuestas simplistas a preguntas difíciles. La certeza es el gran peligro, el gran engaño. Pero entendida correctamente, la religión no es cuestión de certezas sino de fe, que es una cosa muy diferente. Después de toda una vida siguiendo el cristianismo y luchando sobre los asuntos de la fe, descubro que mis preguntas no han disminuido, sino que han aumentado. Sin embargo, también me he dado cuenta de que las respuestas están enormemente sobrevaloradas. El sentido de la vida no proviene de esquemas y argumentos intelectuales, por muy persuasivos que sean; no se trata de tener certezas.

Pero, entonces, ¿de qué se trata? ¿Cómo descubrimos el significado y la importancia de nuestras vidas? Señalaría cuatro factores cruciales: autoestima, autenticidad personal, relaciones y un sentido de propósito o vocación. Ninguno de estos depende de la fe para tener éxito; pero para mí, la fe cristiana es fundamental para cada uno de ellos.

1. Tenemos una necesidad fundamental de autoestima

Lamentablemente, la religión no siempre ayuda con esto. Cuando el punto de partida es que somos pecadores miserables, culpables ante un Dios que nos juzga, es difícil sentirse bien con uno mismo. Sin embargo, el mensaje fundamental del cristianismo no es la culpa de los seres humanos, sino la gracia divina, el amor incondicional de Dios por cada uno de nosotros.

Esto me quedó ilustrado recientemente cuando hablé con una mujer en duelo por su madre, cuyo funeral estábamos planeando. Le pregunté si había una historia o incidente que ilustrara o resumiera cómo era su madre. Después de una breve pausa, respondió: "Cuando era una niña pequeña, rompí un jarrón muy preciado, una reliquia familiar. Sabiendo lo importante que era, grité cuando se estrelló contra el suelo y se rompió en mil pedazos. Pero cuando mi madre entró corriendo en la habitación, parecía aliviada, no enojada. Cogiéndome en sus brazos, me dijo: "¡Gracias a Dios! Pensé que estabas herida». Con lágrimas en los ojos, la mujer me dijo: "Así era mi madre. Y ese fue el día en que descubrí que yo era el verdadero tesoro de la familia».

Este es el corazón del evangelio cristiano: que eres el tesoro de la familia. Dios te ama más que cualquier cosa que pudieras hacer para evitar que Dios te amase. Creo que todo niño entra al mundo en estado de gracia: con apertura y receptividad hacia el amor divino. Experiencias posteriores de rechazo y miedo ahogan esta receptividad con sentimientos de culpa y fracaso cuando cometemos errores en la vida. Sin embargo, nada de esto altera el hecho de que somos amados y perdonados mucho antes de que los «jarrones» comenzasen a estrellarse contra el suelo. Claro, hay cosas en la vida de cada uno de nosotros que necesitan cambiar; cosas que desearíamos que fuesen distintas. Todos necesitamos crecer y evolucionar. Pero es el amor, no la culpa, lo que provoca este crecimiento.

El camino espiritual es, en esencia, un anhelo de recuperar la experiencia primitiva e infantil de la gracia: una intuición, un sentimiento interior de aceptación, la sensación de que Dios existe y de que somos amados por Él, es tener conciencia de la sonrisa divina. Esto le da sentido y propósito a la vida y nos da confianza para creer que podemos lograr algo de valor en la vida.

2. Necesitamos autenticidad personal

El rabino Zusha, el maestro jasídico, dijo una vez: "En el mundo venidero, no me preguntarán:" ¿Por qué no eras Moisés? « Me preguntarán: "¿Por qué no eras Zusha?"

El problema es que puede llevarnos mucho tiempo descubrir quiénes somos realmente. Me tomó treinta años comenzar a comprender quién soy. Hay un viejo sabio cuáquero que dice: "Deja que tu vida hable". Pero yo estaba demasiado ocupado escuchando otras voces para escuchar mi propia voz interior.

Por supuesto, no era original en esto: la mayoría de nosotros inicialmente formulamos nuestras verdades y valores más profundos a partir de las ideas y el ejemplo de las personas a las que apreciamos y admiramos. Pero llega un momento en el que debemos dejar de ser meros ecos de los demás y empezar a escuchar seriamente nuestra propia vida, para volvernos auténticos.

Parker Palmer, maestro cuáquero, escribe: "Antes de decirle a tu vida qué verdades y valores has decidido seguir, deja que tu vida te diga qué verdades personifica, qué valores representas".[49] En otras palabras, confía en lo divino dentro de ti. Y por supuesto, admira y aprende de Dios en los demás, pero luego descubre lo divino dentro de ti y sé fiel a eso.

La moralidad no debe reducirse a una lista de improvisada a partir de las ideas de grandes personas, o de la Biblia, que luego tratamos de emular. El verdadero significado en la vida se desarrolla cuando descubrimos las verdades y los valores que están en el corazón de nuestra propia identidad, dada por Dios, y los honramos. Solo así vivimos nuestra propia vida y no la de otra persona.

La autenticidad personal significa ser fiel a uno mismo y a lo que uno cree, en nuestras relaciones, en los negocios, en nuestras decisiones financieras, en la forma en que tratamos a los extraños y a los amigos, en las muchas elecciones y transacciones de la vida. El significado proviene de vivir tu propia vida, no la de otra persona, y vivirla con integridad, orgulloso de ser quien eres en tu ser más profundo y verdadero.

---

[49] Parker J. Palmer, *Let Your Life Speak: Listening for the Voice of Vocation* (*Deja que tu vida hable: escuchando la voz de la vocación*) (John Wiley & Sons, 1999).

3. Necesitamos relaciones: dar y recibir amor.

Cuando bautizo a un bebé, siempre uso una bendición celta que dice así:

"Que sepas lo que es amar y ser amado". Seguramente, no puede haber un mejor deseo para un niño al comienzo de su vida. Mucha gente rica y famosa abandona este mundo sin amigos, miserables y frustrados, mientras que otros que poseen muy poco se van en paz, rodeados de amigos y seres queridos, sabiendo que sus vidas han tenido un significado.

Los seres humanos han sido creados para amar y ser amados. Experimentar esto, ya sea en relaciones familiares, matrimonio, pareja o amistad, es una gran fuente de significado en nuestra existencia. Descubrir el amor es volver a casa. Es el lugar de dónde venimos y al que regresamos en nuestros mejores momentos.

Como señala el filósofo Sam Keen, nada dramatiza más la necesidad y centralidad del amor en la vida humana que su ausencia. En la medida en que nos persigan sentimientos de abandono, soledad y vacío, la vida pierde su sentido. Sabemos que deberíamos haber amado y haber sido amados mejor. Y al final de cualquier adicción -al alcohol, la cocaína, el sexo o el éxito- "siempre descubrimos que lo que perseguíamos a ciegas era el amor, y que lo único que atrapamos en su lugar era un mal sustituto. Y no nos satisfizo porque nunca podemos tener suficiente de lo que no queríamos en primer lugar".[50]

[50] Sam Keen, *To Love and be Loved* (*Amar y ser amado*) (Bantam Books, 1999).

La necesidad de dar y recibir amor está escrita en nuestro ADN biológico y espiritual. El significado en nuestras vidas florece cuando experimentamos relaciones amorosas recíprocas. Estar solo (que no soltero), o estar en conflicto, o sentir odio es ajeno a todo lo que hemos sido llamados a ser, por eso Jesús nos enseña a amar incluso a nuestros enemigos. El odio destruye cualquier sentido de la vida; el amor lo crea.

Uno de mis amigos más queridos y héroes más grandes fue Peter Thomson, un sacerdote anglicano australiano que murió hace un par de años. Peter era (en palabras de otro amigo) "tan cálido que podrías calentarte unas tostadas sobre él". En este tiempo, Peter era amado y respetado por primeros ministros, ministros estatales y por las principales figuras en todos los ámbitos de la vida. En su funeral, Tony Blair envió un mensaje diciendo que Peter era una de las mejores personas que había conocido. Pero Peter era exactamente él mismo, sin importar con quien estuviera. Su máxima repetida a menudo era que Dios es amistad, y dedicó su vida a hacer amistad con todos porque creía que Dios estaba en todos: "¡Incluso si tienes que buscarlo un poco más en algunas personas!"

4. Tenemos la necesidad de contribuir al mundo

Nadie quiere ser un mero pasajero o consumidor. Tenemos una profunda necesidad de contribuir, de agregar algo valioso al mundo. Pero con demasiada frecuencia nos hemos tragado la idea errónea de que sólo unos pocos elegidos son los verdaderos contribuyentes, personas con algún tipo de vocación o llamada, mientras que el resto de nosotros simplemente miramos. La verdad es que cada persona tiene una vocación: una contribución única que hacer para enriquecer este mundo.

Lo primero que podemos decir es que la vocación no es necesariamente lo mismo que el trabajo que hacemos para ganarnos el pan. De hecho, probablemente tengamos mucha suerte si las dos coinciden, aunque nuestra vocación influirá invariablemente en la forma en que hacemos nuestro trabajo, sea éste el que sea.

La palabra "vocación" tiene sus raíces la palabra "voz" del latín. Pero no se refiere a una voz "allá afuera" que nos llama a ser algo que no somos. Viene de una voz "aquí" que nos llama a ser la persona que hemos venido a ser, a realizar la individualidad que se nos dio al nacer. Cada persona fue creada con un tesoro, un don de sí mismo que tiene el potencial de convertirse en una pasión o energía única, que puede contribuir efectivamente a hacer del mundo un lugar mejor.

Sin embargo, en las familias, las escuelas, los lugares de trabajo y las iglesias, a menudo somos entrenados para alejarnos de nuestra verdadera personalidad hacia otras imágenes para ser aceptados. Y luego vivimos con una frustración creciente debido a la brecha entre quienes somos realmente y quienes se supone que deberíamos ser. Una vez más, terminamos viviendo la vida de otra persona en lugar de la nuestra.

Jesús dijo: "A menos que cambiéis y os volváis como niños, nunca entraréis en el reino de los cielos".[51] Es en la niñez cuando somos más receptivos a la gracia divina de forma natural; también es en la infancia cuando estamos más en contacto con nuestra verdadera identidad. De modo que podemos obtener indicaciones importantes sobre nuestras inclinaciones, pasiones y predisposiciones volviendo la vista a nuestra niñez.

En mi propia infancia descubrí que me gustaba entretener a la gente, hacerla feliz, llevar alegría al mundo. Más tarde descubrí que era un líder, que formaba pandillas de forma natural para que se unieran a mí debido a mis infatigables nuevas empresas e ideas. Era un aventurero, pero siempre estaba en compañía de otros que quedaban subyugados con mis aventuras. A finales de mi adolescencia y principios de los veinte descubrí que me encantaba enseñar e influir en las personas con mis ideas. Pero crecí en un sistema educativo en el que nunca acabé de encajar, y esto alimentó una inclinación por las ideas novedosas e incluso extravagantes, y por pensar de forma creativa.

Así que aquí estoy, alguien a quien le encanta influir e inspirar con ideas, que encuentra sofocantes los sistemas

[51] Mateo 18: 3.

convencionales pero que se las arregla para aferrarse a uno, que disfruta de ser poco convencional, que tiene una pasión por acortar la distancia entre lo académico y el pensamiento y la cultura más popular y que reúne a las personas con un deseo similar de hacer del mundo un lugar más estimulante, inclusivo y divertido.

Este es el esquema de mi propia auditoría vocacional. Creo que sería fundamentalmente igual si fuera profesor universitario, trabajador social, director ejecutivo de una empresa, padre (que lo soy), director de una tienda benéfica, entrenador de deportes, propietario de un pub o incluso un párroco! Sin duda, algunos de estos roles me encajarían mejor que otros, pero lo que cuenta es encontrar la expresión de quién soy, en lugar del trabajo o la tarea a través de la cual lo realizo. Esto es lo que le da sentido a mi vida.

¿Qué me cuentas de ti? Me pregunto cómo sería el esquema de tu auditoría vocacional. Para algunas personas será luchar por la excelencia o hacer del mundo un lugar mejor; para otros el amor y el servicio a los demás serán centrales; para otros obtener logros y hacer que las cosas sucedan; para otros, lo que importa será la originalidad y la creación de belleza; o prestar atención a los detalles, o ser inventivo, o garantizar la seguridad, o luchar por la justicia, o traer paz y armonía, etc. Os animo a participar en vuestra propia auditoría vocacional, pensando en vuestra infancia y juventud, viendo lo que ha sido importante para vosotros a lo largo de los años y reconociendo lo que ha sido reprimido o frustrado.

Frederick Buechner escribió: "El lugar al que Dios te llama es el lugar donde se encuentran tu profunda alegría y el hambre profunda del mundo".[52] Es una declaración que comienza con un énfasis legítimo en uno mismo y avanza hacia las necesidades del mundo, al igual que nuestra receta cuádruple para una vida significativa:

Autoestima: – aprender a valorarme a mí mismo.
Autenticidad personal: – aprender a ser yo mismo.
Relaciones: – aprender a dar y recibir amor.
Vocación: – aprender a contribuir al mundo.

¿Qué tipo de persona deseamos ser? Ésta es la verdadera pregunta detrás de la religión, detrás de este libro, detrás de la vida misma. Básicamente, es la pregunta que transformó la vida de Luke, y que lo llevó de una existencia desfavorecida en las calles, a una vida de autoestima y productividad. Jesús planteó la pregunta constantemente, pero especialmente en su historia sobre un hombre sabio que construyó su casa sobre roca y un hombre necio que construyó su casa sobre arena.

¿Quiénes queremos ser?

---

[52] Frederick Buechner, *Beyond Words (Más allá de las palabras)* (HarperSanFrancisco, 2004).

¿Qué tipo de vida deseamos tener?

Jesús dijo: "Sígueme".

17. La última palabra
Cómo ser un mal cristiano

Lo principal que nos separa de Dios es el pensamiento de que estamos separados de Dios. Si nos deshacemos de ese pensamiento, nuestros problemas se reducirán considerablemente.

-Padre Thomas Keating

Cuando Stefano llegó por primera vez a San Lucas no creía en Dios, pero en algún momento del camino comenzó a llamarse a sí mismo cristiano.

Stef creció en un hogar ateo de clase trabajadora en el

norte de Londres, en una atmósfera claramente socialista. "La política, en particular el socialismo, es una segunda naturaleza para mí", dice. "Incluso de niño sentía la injusticia y la falta de equidad en el mundo". Su padre era un fotoperiodista de renombre que obsequiaba a la familia con historias de guerras, peleas y niños hambrientos. Después de estudiar política en la universidad, Stef también se convirtió en fotoperiodista.

Conoció a Bernadette en la universidad y se mudaron a una casa al otro lado de la calle de la iglesia. Y fue una mañana de Navidad, después de que sus dos primeros hijos habían nacido, que las puertas de la iglesia comenzaron a abrirse para ellos. Mientras desenvolvía los regalos de Navidad, Bernadette tuvo una especie de epifanía. Con el papel de envolver hundido hasta las rodillas, sintió que la cantidad de juguetes y "cosas" que les habían dado parecía obscena. Como católica ausente, sentía que la Navidad debía ser algo más que esto. Así que cruzó al otro lado de la calle y entró en San Lucas, donde quedó tan impresionada por la ceremonia y la comunidad que salió corriendo a casa nuevamente, recogió a su hija y la llevó de regreso para compartir con ella la experiencia.

Después de esto, Bernadette no pudo alejarse del lugar. Empezó a traer a ambos niños, dejando a Stef reflexionando con su periódico dominical. Pero finalmente surgió un dilema: cuando ella estaba trabajando y no podía acudir a la iglesia, los niños insistían que querían ir. Así que mamá les dijo que le pidieran al ateo de la casa que les llevara; el cual no creía en eso de ir a la iglesia.

Poco después de conocerse, Stef le había escrito una carta a Bernadette explicándole que quería creer en Dios pero que no podía por las cosas malas que le habían pasado a tanta gente. "Los problemas de la humanidad los resolverá la gente, no un Ser invisible", le dijo. Pero ahora, al enfrentarse a sus propios hijos que querían ir a la iglesia, sintió que no sería correcto imponerles su ateísmo, y tal vez comprender el cristianismo podría ayudarlos a comprender su propia historia y sociedad. Entonces él mismo empezó a llevarlos a la iglesia.

Con los niños en el pesebre o en la escuela dominical, Stef se sentaba en misa. Hacía todo lo posible por no participar, pero se sintió atraído. San Lucas era una comunidad un poco irreverente e impredecible, que le recordaba levemente a la gran familia rebelde en la que había crecido. Después de un tiempo, le apetecía ir a la iglesia a él mismo en lugar de acudir simplemente para llevar a los niños.

"No es que una semana fuese ateo y la siguiente ya no", dice Stef, "pero poco a poco comencé a sentir que San Lucas también era mi hogar y así comencé a subir a recibir la Comunión." Incluso a veces dirige las oraciones, algo que nunca podría haber soñado hacer tiempo atrás.[53]

[53] La historia de Stef está tomada de Martin Wroe, *The Gospel According to Everyone (El evangelio según todos)*.

Durante años, Stef dio un gran rodeo a la iglesia y a la religión. No está solo: la mayoría de las personas en este país[D] encuentran poco atractivo el cristianismo de asistir a la iglesia. Esto es un hecho. De lo contrario, muchas más personas aparecerían en la iglesia los domingos. Sin embargo, este rechazo generalizado a la religión formal no es un indicio del verdadero estado espiritual de la gente de hoy, como ilustran muchas de las historias de este libro.

No creo que Dios divida el mundo entre cristianos y no cristianos, creyentes y no creyentes. Dios tendría que ser estúpido para hacer esto, y no creo que Dios sea estúpido. Dios tendría que mirar los hechos religiosos del pasado para comprender lo que está sucediendo en los corazones de las personas. Seguro que Dios está más interesado en la clase de personas que somos que en lo que creemos. Hay personas dentro de todas las tradiciones religiosas que tratan a los demás como basura, que intimidan o matan en nombre de dios, y que difunden su "evangelio" de prejuicios, intolerancia y odio. Y hay ateos, agnósticos o personas a las que simplemente no les interesa la religión, que dan su vida al servicio de los demás y cuidan a todo el mundo como si fueran seguidores de Jesús.

Como dice Stef, no se trata de que en un minuto no fuese cristiano y al siguiente sí lo fuera. Su viaje espiritual se prolongó durante años y todavía hoy está en evolución. La

[D]En referencia a Gran Bretaña, el país del autor del libro, Dave Tomlinson.

carta que le escribió a Bernardette en la universidad revela un proceso de cuestionamiento por el que la mayoría de la gente atraviesa en algún momento u otro, donde quizás queremos creer en Dios pero encontramos que hay demasiadas cosas que no parecen tener sentido.

Soy un mal cristiano. Lejos de tener respuestas a todas las preguntas difíciles de la vida, tengo una lista cada vez mayor de ellas. Lejos de ser un creyente inquebrantable, tengo frecuentes dudas. Lejos de estar enamorado de todo lo que es la Iglesia y el cristianismo, a menudo me desespero con ellos. Odio la idea de ser parte de un club exclusivo: ¡los elegidos! Y me siento más en casa en un pub con "paganos" honestos que en muchas iglesias.

Pero estoy cautivado por la figura de Jesús. Al principio del libro señalé que a los seguidores originales de Jesús se les llamaba "gente del camino", gente que se identificaba con el estilo de vida que Jesús enseñó y demostró. Me gusta esto. También me gusta el hecho de que sus primeros seguidores a menudo se comportasen como un puñado de bufones, que lo malinterpretaban, hablaban fuera de turno, discutían entre ellos, se dormían cuando deberían estar despiertos, básicamente seguían haciendo las cosas mal. Pero continuaron siguiéndolo. Eso me da esperanza.

Tengo respeto por todas las tradiciones religiosas y tengo amigos queridos de todas las religiones y de ninguna, pero para mí, Jesucristo es la revelación decisiva de Dios.

El mundo sigue viendo muchas figuras cristianas, a las que admiro mucho y trato de emular, pero Jesús es, para mí, la epifanía de cómo es Dios, del carácter y la pasión de Dios. Es él quien da forma y sentido a mi mundo.

En el centro del mensaje de Cristo estaba el reino de Dios, una visión de cómo sería el mundo si Dios fuera rey en lugar de las autoridades y los políticos. Es una visión de justicia, amor y reconciliación, una cultura de esperanza y libertad a la que continuamente me apunto y trato de representar.

Si te gusta el sonido de esto….

Si compartes mi fe vacilante...

¡Felicidades!

¡Eres un mal cristiano!

Apéndice I:
Prácticas espirituales

¿Qué son las prácticas espirituales?

La vida consta de dos viajes: el viaje exterior del cuerpo a través del tiempo y el espacio, y el viaje interior del alma. El viaje hacia el exterior crea el caparazón de nuestra existencia: dónde vivimos, qué tipo de trabajo hacemos, si tenemos o no pareja o hijos, en qué tipo de cosas invertimos nuestro tiempo, todos los cuales son aspectos muy importantes de nuestra vida. Pero el viaje interior se centra en crear profundidad en nuestra existencia: descubrir quiénes somos realmente, darle un sentido y un propósito a nuestra vida, encontrar nuestra brújula moral y espiritual, decidir qué es lo que nos impulsa.

Las prácticas espirituales son acciones o hábitos deliberados para cultivar la vida interior. Cada religión tiene su propia tradición de prácticas basadas en sus creencias y rituales particulares, pero los objetivos son esencialmente los mismos: calmar la mente, ayudarnos a conectar con lo divino, fomentar la armonía entre nuestras creencias y valores y las turbulencias de la vida cotidiana.

A menudo agrupamos estas prácticas bajo el título de "oración", pero la oración puede tomar muchas formas. Dar un catálogo satisfactorio de prácticas espirituales requeriría un libro en sí mismo, por lo que simplemente delinearé tres bloques fundamentales para la práctica espiritual.

La Respiración centrada

Este ejercicio es una forma de enfocar la atención hacia adentro y echar una mirada general a nuestra vida, sin perdernos en los detalles. El desarrollo espiritual significa ser más conscientes de lo que sucede dentro de nosotros y tener capacidad para contextualizarlo dentro del amor incondicional de Dios. En mi experiencia, una práctica de respiración centrada es esencial para comprender el significado de la oración. Podemos ejercitarlo prácticamente en cualquier lugar: en la cocina o en el parque, durante la pausa de la comida, en el autobús o en el tren, o antes de dormirnos por la noche (de hecho, probablemente nos lleve a dormir mejor).

Aprendí la práctica de la respiración centrada de mis profesores del Eneagrama, Helen Palmer y David Daniels. Así es más o menos como ellos lo enseñan:

1. Siéntate erguido en una silla con las piernas sin cruzar y los pies en el suelo. Cierre los ojos o relaje su visión con una mirada amable para desviar la atención de su entorno.

2. Sé consciente de tu respiración, notando como esta entra y sale. Deja ir cualquier otro pensamiento. Sin

embargo, no te preocupes si surgen pensamientos; déjalos a un lado suavemente y vuelve con tu atención a la respiración, permitiendo que tu cuerpo se relaje con el movimiento constante. La respiración siempre está ahí en el momento presente. Y debido a que no tiene contenido o agenda propia, nos proporciona un maravilloso enfoque neutral. No juzga. No está ansiosa. No se preocupa por lo que sucede a su alrededor. Simplemente está presente todo el tiempo, regenerando constantemente el cuerpo y la mente.

3. Sigue cada respiración en su viaje hacia adentro y luego descendiendo. Si lo deseas, coloca tu mano sobre tu barriga y siente cómo se hincha con cada respiración. Luego siente cómo se contrae cuando la respiración regresa al exhalar. Muy pronto te sientes enraizado en tu cuerpo, y este arraigo se convierte en la base para ser más receptivo contigo mismo, con los demás y con Dios.

4. Cada vez que tu atención vaya de la respiración a otras sensaciones o ruidos ambientales, permítete ser consciente de ellos y luego vuelve a centrar tu atención en la respiración. En este estado de calma, puedes tomar conciencia de tus preocupaciones y reacciones y comenzar a dejarlas ir.

5. Al final del ejercicio, vuelve suavemente tu atención a tu alrededor. Sé consciente de la silla y de los ruidos de tu entorno, y abre los ojos.

Si lo deseas, puedes grabar estos pasos y escucharlos mientras haces la práctica. Puedes continuar con el ejercicio todo el tiempo que desees, pero intenta seguirlo al menos durante diez o quince minutos. Puede que incluya o no decir algunas oraciones específicas o liberar preocupaciones y ansiedades. Pero en sí misma esta práctica es una expresión de oración.

Escuchando el silencio

Los cuáqueros hacen del silencio su acto central de oración y adoración. Por lo general, se sientan en silencio durante una hora más o menos en sus reuniones como una forma de abrirse a la inspiración del Espíritu de Dios. Estar en silencio es contra-intuitivo en una cultura cacofónica que exige estar constantemente estimulados, sin embargo, un breve período de silencio en un ambiente de quietud puede ser enormemente rejuvenecedor. Desde tiempos inmemoriales, las personas han descubierto esto como una forma de reconectarse con las cosas que verdaderamente importan en la vida, con su ser más profundo y con Dios.

Algunas personas practican el silencio con los ojos cerrados para evitar distracciones. Personalmente, me gusta sentarme en silencio mirando por la ventana. Uno de mis lugares favoritos para hacer esto es el primer piso de nuestra casa mirando a los pájaros que se balancean alrededor del árbol afuera. Muchas veces, cuando la inspiración se me ha agotado mientras intento escribir un sermón o el capítulo de un libro, unos carboneros, un petirrojo y un jilguero han venido a mi rescate. Esta también es una forma fundamental de oración.

No existe un momento o lugar perfecto para estar en silencio. Algunos pueden preferir practicar el silencio en el campo, rodeados de los sonidos de la naturaleza. Los habitantes de la ciudad como yo pueden encontrar una calle concurrida o un parque de la ciudad igualmente agradable. La presencia de Dios está en todas partes. La práctica espiritual del silencio es simplemente la habilidad de abrirse tranquilamente a esa presencia divina, permitiendo que la ansiedad disminuya y nos volvamos receptivos a la energía del Espíritu.

Despertar: vivir el momento

La vida contemporánea tiende a empujarnos a vivir en piloto automático; a menudo flotamos sobre la superficie de la vida sin conectarnos de ninguna manera significativa con las personas, los eventos o el mundo que nos rodea. La vigilia o atención plena es la práctica de prestar mayor atención a las cosas ordinarias de la vida cotidiana, de estar presentes en el momento.

Esto puede resultar complicado. La mayoría de nosotros hemos desarrollado el hábito de escapar de lo cotidiano proyectando nuestras mentes en el pasado o en el futuro, distrayéndonos con internet, la televisión o los juegos de ordenador, etc. Así que no debemos esperar demasiado de nosotros mismos. Sugiero comenzar con modestia: intenta dedicar una hora aquí o allá a practicar estar presente en el momento.

Toma un baño prolongado en lugar de una ducha apresurada. Disfruta de la experiencia de un café relajado en el jardín en lugar de engullirlo y salir corriendo a la siguiente actividad. Conscientemente, evita volar mentalmente hacia lo que harás esta noche o pensar en lo que deberías haber hecho o dicho ayer. Poco a poco podemos ir más despacio y disfrutar de las actividades mundanas de la vida a la vez que esperamos situaciones placenteras del futuro.

Para algunas personas, la atención plena está vinculada a actividades más lúdicas o creativas como dibujar, jugar con arcilla, cantar o bailar. Rob Pepper, el cual me ha proporcionado los dibujos para este libro, ha impartido regularmente clases de dibujo al natural en San Lucas, donde el acto de dibujar se entiende como una forma de meditación en la que los participantes pueden estar plenamente presentes en el momento con la persona u objeto que se dibuja.

Hoy en día los profesionales de la salud mental reconocen los beneficios de la atención plena en las personas que padecen ansiedad o depresión. Pero también es esta una forma de oración que puede hacernos más receptivos a la presencia divina.

Oración diaria

Muchas personas han tratado de practicar la oración o la meditación diarias y han fracasado miserablemente, principalmente porque han puesto sus expectativas demasiado altas. La determinación de pasar una hora orando o meditando cada mañana, por ejemplo, está condenada al fracaso. No es casualidad que hablemos de "prácticas", porque el ejercicio espiritual, como el ejercicio físico, requiere una práctica paciente basada en un progreso lento. Y necesitamos algo de ayuda. Necesitamos saber por dónde empezar.

El sitio web de los jesuitas irlandeses, www.sacredspace. ie, es un buen lugar para comenzar. Aquí encontrarás una fórmula sencilla para la oración y la reflexión diarias con varias opciones para explorar. Podrías pasar unos minutos allí antes de ir a trabajar, o al sentarte en tu escritorio por la mañana, o en cualquier otro momento del día.

Comenzar y terminar el día con una simple oración es otra práctica útil. La Oración de la Serenidad que he recomendado varias veces en este libro es una excelente manera de comenzar el día:

Dios, concédeme la serenidad para aceptar las cosas que
no puedo cambiar;
valor para cambiar las cosas
que puedo,

y sabiduría para reconocer la
diferencia.

El Libro de Oraciones de Nueva Zelanda ofrece una oración para el final del día que respira una maravillosa y simple sensación de cierre antes de irse a dormir:

Es de noche después de un largo día.
Lo que se ha hecho ha sido
hecho;
Lo que no se ha hecho no
se ha hecho;
Déjalo estar.

Además, millones de personas encuentran un gran beneficio en las oraciones cortas y repetitivas durante el día. Una de las más comunes es la Oración de Jesús que se remonta a los monasterios del desierto del siglo V:

Señor Jesucristo, Hijo de Dios,
Ten piedad de mí, pecador.

Algunas personas acortan la oración a:

Señor Jesús, Hijo de Dios, ten misericordia.

Puedes componer tu propia oración para repetirla en diferentes momentos del día. Para algunas personas, las palabras son menos útiles, por lo que acciones simples como tocar un rosario o encender una vela resultan más satisfactorias.

En Francia, la comunidad de Taizé ha producido cientos de oraciones repetitivas en forma de hermosos cánticos, que se pueden descargar en iTunes.

Finalmente, vale la pena señalar el valor de la oración repetitiva, ahora reconocido en los hallazgos de la neurociencia y la psicología cognitiva. Los científicos cognitivos saben ahora que cuando tenemos los mismos pensamientos, establecemos vías neuronales en nuestro cerebro. Esta es una de las formas en la que la oración puede transformar nuestros pensamientos y nuestras vidas.

Apéndice 2
El Eneagrama

El Eneagrama es un sistema poderoso y dinámico que describe nueve perfiles de personalidad: nueve formas distintas de pensar, sentir y actuar. Basado en la sabiduría antigua y en las categorías psicológicas modernas, el Eneagrama ofrece una visión increíblemente útil para el desarrollo personal y espiritual. Encontré este sistema por primera vez hace doce años, y desde entonces se ha vuelto indispensable para mí, tanto en mi vida personal como en mi trabajo como vicario.

En resumen, el Eneagrama (*ennea* significa nueve en griego y *gram* es "algo escrito") sugiere que cada uno de nosotros tiene una preocupación o compulsión central ligada a nuestro tipo de personalidad, que nos lleva a buscar ciertas cosas en la vida y a evitar otras. Cuando estamos funcionando en piloto automático, esta preocupación es donde va nuestra atención, y eso tiene implicaciones tanto positivas como negativas. Pero siendo este el modo predeterminado en el que funcionamos, en su mayoría somos inconscientes de él.

A riesgo de simplificar demasiado, daré un breve esbozo de los nueve perfiles de personalidad. Espero que esta breve descripción te abra el apetito para explorar el sistema más a fondo.

Tipo uno: el perfeccionista

Son personas responsables, independientes, trabajadoras y con altos estándares y principios. Pueden parecer críticos y quisquillosos, pero también son muy duros consigo mismos, rara vez están a la altura de sus propias expectativas y difícilmente logran aplacar a su estridente crítico interno. La atención de las personas del tipo Uno se dirige naturalmente a detectar lo que está mal y lo que hay que hacer para hacerlo bien. Son excelentes poniendo la atención en los detalles.

Tipo dos: el ayudante

Pasan sus vidas atendiendo las necesidades de los demás, las personas del tipo Dos son alegres, extrovertidas, cálidas y agradables con una habilidad inquebrantable para sentir lo que el resto de nosotros queremos o necesitamos, quizás antes de que nos demos cuenta nosotros mismos. Sin embargo, esto puede llevar a que los Dos sean manipuladores. Además, dado que prefieren dar a recibir, a menudo les cuesta reconocer sus propias necesidades o pedir ayuda a los demás.

Tipo tres: el triunfador

Seguros de sí mismos, ambiciosos y exitosos, las personas del tipo Tres tienen una energía inagotable para perseguir sus metas y proyectos. Nacen ganadores y grandes motivadores. Pero, como un camaleón, a menudo cambian su imagen para adaptarse a la situación o para obtener aprobación. También pueden parecer insensibles y calculadores cuando persiguen con determinación su último proyecto.

Tipo cuatro: el romántico

Los del tipo Cuatro detestan la mediocridad y se sienten atraídos por los extremos de la experiencia emocional. A menudo son melancólicos, se pasan la vida buscando lo significativo y lleno de sentido, o ese "algo" que sienten que les falta. Por lo general, tienen una sensibilidad estética distinta y, aunque están atrapados en sus propias emociones, pueden ser maravillosamente empáticos en situaciones emocionalmente dolorosas.

Tipo cinco: el observador

Estos son los tipos más privados, los que necesitan su propio tiempo y espacio para recargar sus baterías. Pueden parecer distantes, especialmente en lo emocional, les gusta más observar que participar. La mente es donde los Cinco se sienten más cómodos, son buenos pensadores y analistas que aman la información y el conocimiento, a menudo en áreas especializadas de interés o estudio. Son autosuficientes y les gustan las rutinas predecibles, pero son intelectuales creativos.

Tipo seis: el escéptico leal

Si algo puede salir mal, los del tipo Seis probablemente lo habrán detectado, porque su atención se dirige naturalmente a posibles peligros y amenazas, o a motivos ocultos en las personas. Por otro lado, son curiosos y excelentes pensadores críticos. Instintivamente desconfían de las figuras de autoridad y de las personas demasiado exitosas, se alinean fácilmente con las causas de los desvalidos. Sin embargo, una vez que se gana su confianza, los Seis son amigos y colegas profundamente leales y comprometidos.

Tipo siete: el epicúreo

El placer es muy importante para estos tipos: pueden lograr casi cualquier cosa y trabajar desde el amanecer hasta el anochecer, siempre que les parezca divertido. Los siete son optimistas de la vida. Son encantadores, alegres y aventureros. Sin embargo, su tendencia es evitar el lado oscuro de la vida. Y si no puedes mantener su interés, abandonan o desconectan para cambiar a opciones más placenteras para sus mentes. Naturalmente son poco convencionales, tienen mentes rápidas y son grandes pensadores laterales.

Tipo ocho: el protector

Estos son los tipos con personalidad más asertiva o agresiva, con un enfoque de la vida de todo o nada. Ferozmente independientes, los Ocho son líderes naturales con un gran sentido de equidad y justicia. Harán todo lo posible para proteger a sus seres queridos y a los que están bajo su cuidado, o para perseguir una causa en la que creen. Sin embargo, la gente a menudo encuentra abrumadora la pasión de un Ocho: los Ocho nunca hacen nada a medias, desde beber con amigos hasta un debate teológico. La pasión es su alma.

Tipo Nueve: el Meditador

Nadie puede asimilar y comprender las opiniones de un grupo de personas mejor que un Nueve. Sin embargo, no son tan buenos para determinar sus propios puntos de vista o para identificar qué es lo que quieren. La paz y la armonía es el quid de la cuestión para estos tipos, y a menudo estarán de acuerdo con los planes de otras personas para mantener la paz. Pero cuando la sensación de estar bajo presión se vuelve demasiado, la ira enterrada emerge como terquedad y agresión pasiva. Los nueves son excelentes árbitros y parejas encantadoras (lo sé, tengo una).

Aunque he descrito algunos de los comportamientos asociados con cada uno de los nueve tipos, es importante enfatizar que la tipología del Eneagrama tiene menos que ver con los comportamientos y más con los motivos, las energías espirituales y la cosmovisión de las nueve personalidades. Las personas pueden comportarse de maneras muy similares pero por razones muy diferentes.

El simple hecho de entendernos mejor a nosotros mismos es un impulso potencialmente enorme para el desarrollo espiritual, pero las diferentes capas y aspectos del sistema del eneagrama lo convierten una herramienta extraordinariamente útil para cualquiera que busque una espiritualidad más profunda. También ofrece una gran visión sobre la dinámica de las relaciones íntimas y laborales.

Si deseas saber más sobre el Eneagrama, puedes consultar lo siguiente:

- Mi sitio web contiene más detalles sobre el sistema, un blog e información sobre mi programa de Eneagrama Talleres: www.davetomlinson.co.uk.

- Consulta el sitio web de Enneagram Worldwide (la organización con la que soy profesor certificado de Eneagrama), el cual contiene muchos recursos útiles: www.enneagram-worldwide.com.

- El Eneagrama esencial de David Daniels es una excelente y concisa introducción al Eneagrama que incluye una prueba de personalidad.

- Descarga la aplicación "conozca su tipo" de la tienda de aplicaciones de iTunes. Esta es seguramente la mejor aplicación de Eneagrama, contiene muchos recursos interesantes, incluida una sección "Encuentra tu tipo".

Apéndice 3
Páginas web útiles

Apoya la justicia social

www.one.rg- una campaña de base para poner fin a la pobreza y prevenir enfermedades, especialmente en África.

www.amostrust.org - una organización benéfica pequeña pero eficaz dirigida por amigos míos que promueven la justicia y la esperanza para las comunidades olvidadas y apoyan a los activistas por la paz en Palestina / Israel.

www.quaker.org/faith-action- enlaces para obtener información sobre los diferentes proyectos cuáqueros de justicia social en curso y cómo participar en ellos.

www.centreforsocialjustice.org.uk- un comité de expertos benéfico e independiente que trabaja para "revertir la crisis social" en el Reino Unido.

Tiempo de voluntariado

www.timebank.org.uk- una organización benéfica nacional de voluntariado para establecer vínculos con proyectos locales que necesitan ayuda, incluidos los programas de tutoría para jóvenes. Simplemente ingresa tu código postal y podrás ver lo que sucede cerca de ti.

www.do-it.org.uk: una base de datos realmente completa de proyectos de voluntariado que te permite buscar por una gran cantidad de variables, incluido el sector, el grupo objetivo, la hora del día en la que deseas trabajar, etc.

www.csv.org.uk: otra organización benéfica nacional de voluntariado bien establecida que ofrece capacitación y bolsa de oportunidades.

www.vso.org.uk- iniciativa muy conocida y confiable con una amplia gama de oportunidades en todo el mundo.

www.msf.org.uk- una organización benéfica médica humanitaria (Médicos sin Fronteras) que trabaja en el extranjero. No es necesario ser médico o enfermero para participar.

Vive generosamente

www.generous.org.uk- una iniciativa que nos anima a hacer un poco más y un poco más a menudo para hacer que la vida compartida en nuestro planeta sea más sostenible y llevadera para la mayor cantidad de personas posible. Puedes obtener muchas ideas para vivir generosamente y agregar algunas propias.

www.randomactsof-kindness.org: muchas ideas, recursos, historias y enlaces que nos inspiran a practicar la bondad y transmitirla a los demás.

www.charterforcompassion.org- una iniciativa destinada a devolver la compasión al centro de la vida religiosa y de la ética. Firma la carta, comprométete, únete a la comunidad en línea y difunde la palabra.

Compra éticamente

www.ethicalconsumer.org- Tiene el objetivo de hacer que las empresas globales sean más sostenibles a través de la presión de los consumidores, este sitio web ofrece una base de datos de investigación sobre el comportamiento de la empresa en función de 23 criterios éticos, y ofrece una guía completa para las decisiones financieras y de compras.

www.fairtrade.org.uk- el sitio web de la organización independiente que autoriza el uso de la MARCA FAIRTRADE en productos en el Reino Unido.

www.traidcraft.co.uk- una organización de base cristiana que lucha contra la pobreza a través del comercio, garantizando que los proveedores de bienes reciban un trato justo y que se respete el medio ambiente.

Hacer las paces

www.stethelburgas.org- un centro para el mantenimiento de la paz con sede en un edificio de la iglesia restaurado destruido por una bomba del IRA en 1993. El Centro de Reconciliación y Paz de St Ethelburga ofrece cursos de facilitación para el diálogo, sesiones de meditación, plataformas multireligiosas y recursos en línea, etc.

www.religionsforpeace.org- la coalición religiosa internacional más grande dedicada a promover la paz. Gran cantidad de recursos y de videos descargables sobre la construcción de la paz.

¿Te gustaría que este no fuera el final?

¿Tienes hambre de más enseñanzas excelentes, testimonios inspiradores e ideas para desafiar tu fe?

Únete a nosotros en www.hodderfaith.com, síguenos en Twitter o encuéntrenos en Facebook para asegurarte de obtener lo último de tus autores favoritos.

Incluyendo entrevistas, videos, artículos, concursos y oportunidades para que puedas contarnos lo que te han parecido nuestros últimos lanzamientos.

Facebook https://www.facebook.com/dave.tomlinson.925
  Twitter   https://twitter.com/goodluker

Printed in Great Britain
by Amazon

23283688R00136